AF279980

Buchgestaltung von HmdPublishing.com

Fotos von Lia Lohrer Fotografie

Cover von Koray Sözmen

Verlag: BoD · Books on Demand GmbH, Überseering 33, 22297 Hamburg, bod@bod.de
Druck: Libri Plureos GmbH, Friedensallee 273, 22763 Hamburg
ISBN: 978-3-8192-4502-2

Herzlich willkommen und vielen Dank, dass du dir unser Buch zugelegt hast. Doch wer sind wir eigentlich? Wir möchten uns hier kurz vorstellen:

Ich bin Mike Wlach, der als E-Commerce Profi bereits über 20 Jahre Erfahrung als Unternehmensgründer vorweisen kann und mittlerweile viele Milestones im Leben eines Unternehmers erreicht hat. Mit einem Multimillionen E-Commerce Exit im Rücken, kümmere ich mich heute als Family Office CEO um mein eigenes Portfolio aus nationalen und internationalen Firmenbeteiligungen, bei denen ich auch als Aufsichtsrat, Beirat oder Verwaltungsrat eine wichtige Position im weiteren Wachstum meiner Beteiligungen einnehme. Mit meiner Erfahrung aus über zwei Jahrzehnten als CEO versuche ich hier, bei der weiteren Strategie zu helfen und die richtigen Impulse an das Management zu liefern. Nebenher unterstütze und coache ich junge Unternehmer dabei, die richtigen Schritte zu machen, damit sie im eigenen Business langfristig erfolgreich sind.

Mein Name ist Robin Schütt: Ich bin als junger Mehrfachgründer und Versicherungsmakler der Experte, wenn es um die Themen Versicherungen und Finanzierungen geht. Auch bei schwierigen Fällen gilt mein Motto: Geht nicht, gibt's nicht. So habe ich auch schon aussichtslose Fälle erfolgreich versichern können oder Versicherungsabschlüsse generiert, bei denen sich die Konkurrenz die Zähne ausgebissen hat. Auch als Buchautor habe ich schon Erfahrungen gesammelt, da sich mein erstes Buch „Einfach Fairsichert" sehr gut verkauft hat. Dieses Buch stellt daher bereits meinen zweiten Ausflug als Autor dar, und ich hoffe, dass ich dir das Thema Versicherungen im E-Commerce in diesem Werk mit meinen Kapiteln näher bringen kann, ohne das es dir dabei langweilig wird.

Doch wie kam es eigentlich zu der Idee, dass ein E-Commerce Experte und ein Versicherungsprofi ein gemeinsames Buch zusammen verfassen? Ganz einfach: Nach vielen gemeinsamen Gesprächen über das Zusammenspiel zwischen Unternehmertum im E-Commerce und den passenden Versicherungen dazu, ist uns aufgefallen, dass es kein Buch auf dem deutschen Markt zu geben scheint, welches die beiden Themen aus Gründersicht mit verständlichen Worten miteinander vereint und gleichzeitig dabei hilft, Anfängerfehler zu vermeiden. Denn genau am Anfang ist es so wichtig, sich mit beiden Punkten zu beschäftigen und auch ein Gespür dafür zu bekommen, was es bedeutet, hier die falschen Entscheidungen zu treffen, auch wenn gewisse Berührungspunkte erst später im Geschäftsprozess eintreten. Denn frühe Fehler können im E-Commerce später sehr teuer werden oder auch im schlimmsten Fall den Ruin bedeuten. Unsere Motivation und Vision war also klar: Mit diesem Werk das Beste aus den beiden Welten verständlich und in einfachen Worten zusammenzufassen und damit jedem Interessenten einen Mehrwert zu geben, der sich näher mit dem Thema E-Commerce beschäftigen möchte und vielleicht vor einer Firmengründung steht.

INHALT

KAPITEL 1:
DIE EINZELNEN STUFEN: VON DER IDEE ZUM FERTIGEN UNTERNEHMEN

Zunächst einmal möchte ich dir gratulieren. Warum? Es ist schon mal der richtige Schritt, sich mit dem Thema E-Commerce intensiver zu beschäftigen, um Wissen aufzubauen und in eine selbstbestimmte Zukunft zu investieren und ich hoffe, dass dir meine Einsteigerinputs dabei helfen werden, deine finale Entscheidung zu festigen. Das Buch soll dich als Anfänger dabei unterstützen, in den Grundfragen nicht allein zu sein und für dich die Weichen in eine erfolgversprechende Zukunft zu stellen, egal ob du schon erste Erfahrungen mit einem eigenen Onlineshop gesammelt hast oder jetzt erst mit dem Gedanken spielst, richtig loszulegen. Ich helfe dir mit meinen Worten dabei, das E-Commerce Universum etwas besser zu verstehen und hoffe, dir dabei einen kleinen Motivationsschub mit auf den Weg zu geben.

Dazu sollten wir uns im ersten Schritt einmal die Gegenwart der Shoppingwelt in Deutschland anschauen. Wo wird heute eingekauft und was wird die Zukunft bringen? Wenn ich durch die Städte laufe, sehe ich immer mehr Leerstand in den Gebäuden und Schaufenstern, die einst die ganzen Innenstädte prägten und dabei voll waren mit vielen unterschiedlichen Geschäften. Auf der einen Seite macht mich das traurig, da ich es geliebt habe, in meiner wenigen Freizeit durch die Gassen zu stöbern und mich durch die kleinen spezialisierten und oft noch familiengeführten Geschäfte inspirieren zu lassen. Auf der anderen Seite ist das ein klares Zeichen und Signal des Wandels. Die kleinen Fachgeschäfte sterben aus, da sie mit den großen Brands und Marken und dem Preisdruck nicht mehr mithalten können. Die großen Dinosaurier übernehmen das Ruder und versuchen sich durch eine Markenkonzentration in den überall entstehenden XXL-Einkaufszentren gegen den Wandel zu stemmen und die noch kauffreudigen Kunden hier durch ein All-in-One Einkaufserlebnis mit Restaurants und Kinos bei Laune zu halten. Doch auch damit lässt sich die digitale Welt nicht aufhalten, denn die digitale Welt des Einkaufens wird die Zukunft sein. Sicher wird es den Einzelhandel in den konzentrierten Shoppingmalls oder vereinzelt in den Stadtzentren immer noch geben, doch dieser Bereich wird sich in den nächsten 10 Jahren grundlegend verändern und zwar wegweisend. Denn nicht alle bekannten Brands werden das Überstehen. Wer digital nicht mitzieht und neben dem Preis etwas Einzigartiges bietet, wird auf der Strecke bleiben, denn der Kampf um Rabatte, Schnäppchen und Prozente ist hart. Während der stationäre Handel hier nur noch wenig Möglichkeiten hat, bei den Preisen zu punkten, da er teure Ladenmieten und Personal vor Ort zu bezahlen hat, kann er hier teilweise noch den Vorteil der besseren Fachberatung vorweisen und dass das Produkt physisch vor Ort vom Kunden begutachtet werden kann. Doch oft zählt für den Käufer am Ende nur noch der Preis, und die Beratung verliert mittlerweile leider auch in der Masse deutlich an Bedeutung, da die Kunden sich über das Smartphone im Netz mittlerweile selbst bestens informieren können. Und genau dieser Wandel bietet hierbei unzählige Chancen, sich im E-Commerce jetzt noch seinen Platz zu sichern und sich zu etablieren.

Doch was ist E-Commerce eigentlich? Darunter versteht man einfach gesagt das Kaufen und Verkaufen von Waren und auch Dienstleistungen, welche im Gegensatz zum stationären Handel nur Online angeboten werden. Also ist E-Commerce ein reines Onlinegeschäft.

Was ist hier die richtige Strategie? Gibt es eine Erfolgsgarantie? Wie soll das Geschäftsmodell am besten aussehen und welche Zielgruppe will ich eigentlich erreichen? Was muss ich an Kosten einplanen? Dafür müssen wir uns einige wichtige Grundfragen stellen und beantworten, die dich deiner Entscheidung näherbringen werden:

- **Welche Produkte möchtest du verkaufen und an wen?**

Mit Abstand sicher die wichtigste Frage. Denn mit dem richtigen Produkt oder Sortiment fällt und steht deine Erfolgschance, sowie deine Planung für Einkauf, Umsatz und Gewinn. Je nach Produkt erreichst du eine breitere Zielgruppe und erwirtschaftest so allein durch den vorhandenen Käufermarkt einen höheren Umsatz und/ oder einen besseren Gewinn, was sich auf deine finanziellen Möglichkeiten für die weitere Skalierung in Form von Cashflow massiv auswirkt. Deine Produktwahl hat nebenbei auch enorme Auswirkungen auf deine Retouren- und Reklamationsquote. Beispiele aus der Praxis: Kleidung ist in den meisten Fällen zwar ein Massenprodukt, bietet im Gegenzug aber oft eine attraktiv hohe Marge, da sie im Einkauf meist günstig zu haben ist. Dafür ist aber auch ein Preis zu bezahlen, nämlich eine sehr überdurchschnittlich hohe Retourenquote mit teilweise weit über 50%, die du berücksichtigen musst, denn der Kunde kann die Sachen bei dir im Onlineshop ja nicht anprobieren, daher sind falsche Größen und Nichtgefallen oft der Grund, warum Kleidung zurückgesendet wird. Die retournierte Ware kannst du oft nicht mehr als neu verkaufen, da sie möglicherweise getragen wurde. Daher musst du sie dann reduziert verkaufen oder gar entsorgen, je nach Zustand der Retoure. Bei den elektronischen Artikeln als Beispiel, sollte man etwas unterscheiden: Die oft teuer eingekauften Markenprodukte ermöglichen dir zwar schnell hohe Umsätze und mehr potenzielle Markenkäufer mit entsprechendem Geldbeutel, die bereit sind, Geld auszugeben, dafür wirst du aber meist einen bescheidenen Gewinn aufgrund der niedrigen Margenspanne einfahren. Wenn du hier dann auf Noname oder Drittanbieter Produkte setzt, die im Einkauf günstiger sind und somit auch Kunden mit einem kleinen Geldbeutel ansprechen, hast du zwar deine Gewinnspanne bei tieferem Umsatz verbessert, aber die in der Regel schon höhere Reklamationsquote im Elektronikbereich kann dadurch signifikant weiter steigen, was deine Umsätze und Gewinne schon wieder schrumpfen lassen kann.

Das waren nur ein paar einfache Beispiele aus der Praxis, welche massiven Auswirkungen die Produktwahl auf dein Unternehmen haben kann. Du solltest hier also im ersten Schritt entscheiden, ob du dich eher über Umsatz oder Marge definieren willst. Ich empfehle hier für ein Einsteigersetup immer, sich für die Marge zu entscheiden, da dies wiederum mehr Cash für dein Unternehmen bedeutet und du dadurch schneller und gesünder profitabel wachsen kannst.

Wichtig wird auch sein, sich entweder auf Endkunden (B2C) oder Firmenkunden (B2B) zu konzentrieren. Wenn du an Endkunden verkaufen willst, erzielst du einen höheren Verkaufspreis, brauchst aber mehr Masse, um gute Umsätze zu erzielen, während du im Firmenkundengeschäft große Mengen auf einmal verkaufen kannst, dafür zu einem tieferen Verkaufspreis. Das hat auch Auswirkungen auf die nachgelagerten Kosten, wie zum Beispiel Porto und Versand. Denn bei einer Großbestellung packst du alles in eine Sendung und bezahlst nur einmal Porto. Beim Massengeschäft hast du viele Sendungen und daher auch immer wieder Porto und Verpackung.

- **Soll ich mich auf wenig Produkte oder Gruppen konzentrieren oder einfach alles verkaufen, was es zu verkaufen gibt?**

Das ist eine Frage der geplanten Strategie, wie du als Onlineshop wahrgenommen werden willst und welche Käufergruppe du tatsächlich ansprechen möchtest. Sollst du in den Köpfen der Menschen ein Gemischtwarenladen sein oder der Profi, bei dem die Leute genau wissen, was sie kaufen können? Der Gemischtwarenladen hat in der Regel günstige Preise und eine bescheidene Qualität bei den Produkten, dafür findet man ähnlich wie auf einem Bazar fast alles. Der Profi ist spezialisiert und teurer und bietet meist eine höhere Qualität, ist aber dann in der Käuferbreite durch das reduzierte Sortiment oft eingeschränkt. Beide Strategien sind möglich. Wenn du dir hier unsicher bist, was für dich passen könnte, stelle dir doch eine einfache Frage: Wenn du essen gehen willst und du hättest die Wahl zwischen zwei Restaurants, welche Speisekarte vor der Türe würde dich mehr ansprechen:

> Die Speisekarte eines Restaurants ohne Spezialisierung mit 150 Gerichten aus allen Nationen mit günstigen Preisen.

> Die reduzierte Karte des Spezialisten mit einer Karte von nur 30 Gerichten, die Preise sind hier etwas teurer.

In welches der beiden Restaurants würdest du gehen? Wenn du die Frage beantwortet hast, kannst du das auch auf deinen Onlineshop und deine Strategie spiegeln. Mein Tipp daher:

1. Suche dir als Einsteiger entweder einen Nischen-
markt, der noch nicht so stark umkämpft ist, und
zwar mit Produkten, die im Einkauf preiswert sind,
sich einfach und günstig versenden lassen und dennoch eine solide Qualität bieten. Dadurch erhöhst
du die Reichweite deiner potenziellen Kunden, da
heute der Kaufpreis bei vielen Interessenten in diesem Segment das einzige Kaufargument darstellt
und kannst so auch einen guten Gewinn einplanen.

   Um das wieder am Beispiel der Restaurantwahl
   festzumachen: Es macht keinen Sinn, in einer Gas-
   tronomieecke, in der es schon 30 x einen Italiener
   gibt, den Italiener mit der Nummer 31 zu eröffnen.
   Du solltest dich hier abheben vom Rest, mit einem
   anderen Erlebnisauftritt und einer anderen Einrichtung und Speisekarte, um überhaupt wahrgenommen zu werden.

2. Oder du setzt auf Qualität und Erlebnis, nimmst dir
eine Nische vor, in der du mit deinem Produkt der
beste wirst oder ein Alleinstellungsmerkmal hast.
Dann wirst du einen anderen Preis verlangen können und kompensierst damit die nicht mehr ganz so
breite Käuferschicht, da nicht jeder diesen Preis bezahlt. Der Gewinn ist hier ebenfalls gut umsetzbar.

   Auch hier die Eselsbrücke zum Restaurant, um das
   besser zu verstehen: Hier kannst du in der Gastro-
   ecke, in der es schon 4 Italiener gibt, ohne Probleme der fünfte sein. Du musst einfach was Speisen,
   Servicequalität und Erlebnis betrifft, besser sein als
   deine Konkurrenten. Dann werden die Gäste trotzdem zu dir kommen und auch den höheren Preis
   bezahlen.

In beiden Fällen kannst du also ans Ziel kommen. Es ergibt sich in beiden Szenarien ein starkes Potenzial, dein
Business nachhaltig zu skalieren und dich gleichzeitig

mit weniger Mitbewerbern messen zu müssen. Denn als Generalist, der alles verkauft und gleichzeitig einer von vielen ist, ist die Überlebenschance mit Produkten, die es überall gibt, oft sehr gering. Denn warum sollten die Kunden bei dir bleiben, wenn man die Produkte überall und teilweise auch billiger bekommt?

- **Haben diese Produkte tatsächlich eine Nachfrage bzw. gibt es dafür auch einen passenden Markt?**

Es gibt hier eine goldene Erfolgsregel: Verkaufe nie Produkte, die keine Nachfrage haben, auch wenn du das ideologisch für dich etwas anders siehst. Das funktioniert leider nur in seltenen Ausnahmefällen und dann auch nur mit sehr viel Geldeinsatz und Marketingbudget. Denn dazu muss eine künstliche Nachfrage geschaffen werden, die noch nicht existent ist. Das funktioniert in der heutigen Zeit nur noch mit massivem Kapitaleinsatz und Marketing an allen Fronten. Das ist ein Profigame für die großen Player mit viel Cash. Für ein Einsteigersetup macht das keinen Sinn, es sei denn du hast Millionen zur Verfügung. Investiere die Zeit lieber in eine ordentliche Marktanalyse und prüfe, ob es für dein Produkt tatsächlich einen potenten Käufermarkt gibt. Es gibt bekannte Suchmaschinen und Social Media Plattformen, die dir die aktuellen Trends verraten, nach denen gesucht wird und um die es aktuell einen Hype gibt. Ebenso solltest du die Konkurrenz analysieren, ob es hier nicht schon einen Platzhirsch gibt, der den Markt mit deinem Wunschprodukt schon bedient und dominiert. Das kann sowohl positiv als auch negativ sein. Willst du den Platzhirsch besiegen, geht das nur über Qualität oder ein noch besseres Produkt, was um Längen besser ist. Preislich wird der Platzhirsch immer die Nase vorn haben, da er den längeren Atem hat, auf Gewinne zu verzichten, denn er wird dich über den Preis immer schlagen können. Ich rate daher dringend davon ab, sich mit einem Dinosaurier in einer Startup Phase zu messen, denn das geht meistens schief. Setze stattdessen auf Qualität und Service, da sich neben dem Preis auch immer diese Dinge durchsetzen werden.

- **Sind schon potenzielle Bezugsquellen vorhanden?**

Goldene Regel, die klar sein sollte: Ohne Ware kein Verkauf.

Kümmere dich im Vorfeld darum, entsprechende Lieferquellen zu finden, wenn du sie nicht schon hast. In Fernost findet sich zum Beispiel so gut wie alles, sofern du wirklich günstig einkaufen willst. Allerdings hast du hier Zoll- und Einfuhrkosten einzuplanen und auch die EU - Konformität zu beachten. Nicht alle Produkte aus Fernost sind hier in Deutschland zugelassen. Lieferfristen sind in der Regel etwas länger, die Qualität kann massiv schwanken und die Sprachbarriere in der Kommunikation kommt noch dazu. Wenn du auf Qualität setzen willst, die besser ist, solltest du dich nach einem regionalen oder nationalen Anbieter oder Produzenten umschauen, der dir das alles abnimmt oder das gewünschte Produkt als B2B-Händler für dich herstellt oder importiert. Dafür wird der Preis ein anderer sein. Eine Alternative kann es sein, das Produkt selbst herstellen zu lassen. Das ist aber wieder mit deutlichem Kostenaufwand, Reisebereitschaft und Zeit für Entwicklung verbunden. Das ist aber für ein Produkt, das es so nicht gibt, der einzige Weg.

- **Wo sollen deine Produkte verkauft werden?**

Es gibt zwei verschiedene Optionen für ein Einsteigersetup, welche wirklich Sinn machen:

1. Du kannst deine Produkte im ersten Schritt oder generell auf den hier bekannten Verkaufsplattformen anbieten. Der Vorteil ist, dass du dich nicht um das aufwendige Setup für einen eigenen Web-

shop, die Kundensuche und die dazugehörige Infrastruktur kümmern musst. Das spart sehr viel Zeit und auch Kosten, denn du kannst so relativ einfach und schnell herausfinden, welche Produkte auf den Plattformen gefragt sind und sie dann einfach dort verkaufen. Dafür wirst du beim Gewinn ordentlich Federn lassen und gehst auch eine gewisse Abhängigkeit mit der Plattform ein, da dort die Regeln festgelegt werden und nicht von dir. Ebenso ist der Preis hier ein Thema, bei einem Produkt, das es schon gibt. Niemand wird auf einer Börse mehr bezahlen, wenn er bei zwei oder auch mehr verschiedenen Anbietern das gleiche Produkt findet und hier die Auswahl hat.

2. Wenn das nicht dein Weg ist, dann ist ein eigener Webshop als langfristige Lösung die Wahl der Stunde. Hier wird die Vorbereitung deutlich länger dauern und du musst für ein Startsetup je nach Qualität und Wunschvorstellung einige tausend Euro in die Hand nehmen, abhängig davon, ob du deine eigene Seite komplett selbst mit eigenen Designs erstellen und die Infrastruktur dafür aus eigener Kraft aufbauen willst oder lieber mit fertigen Templates und Agenturen die Abkürzung nehmen möchtest. Hier kannst Du dann allerdings die gesamte Planung und Einrichtung selbst übernehmen, lernst dabei das Handwerk von A bis Z und kannst dabei kreativ sein, sofern du dazu mit deinem aktuellen Kenntnisstand und den Finanzen in der Lage bist. Agenturen können dir hier helfen, diese arbeiten aber nicht umsonst und die richtige zu finden, die auch zu dir passt, ist am Anfang nicht ganz einfach. Vergiss daher nicht: Du musst dich hier um das gesamte Shopsystem mit Software im Hintergrund kümmern, um deine Lagerbestandsverwaltung und die eingehenden Zahlungen mit Rechnungen zu

managen, das Hosting der Seite beauftragen, die Webseitenerstellung mit den Produkten erledigen, die Zahlungsanbieter aussuchen, verhandeln und einbinden und das gesamte drumherum inkl. Produktbilder, Texte und Grafiken erstellen. Das Marketing folgt dann noch zusätzlich. Du brauchst also einen langen Atem, denn bis du tatsächlich verkaufen kannst, vergehen einige Monate.

Mein Tipp daher: Wenn das Budget es zulässt, mach dich unabhängig von Plattformen und nutze als Einsteiger unbedingt eine All-In-One Shop Lösung von namhaften Anbietern und konzentriere dich hier auf einen eigenen Webshop, denn die Plattformen kannst du später zusätzlich noch bedienen. Die meisten heute sehr erfolgreichen Onlineshops haben es damals genauso gemacht und der Erfolg gibt ihnen Recht. Teilweise setzen solche Player mittlerweile 9-stellige Jahresumsätze um, und das alles mit einem All-in-One Anbieter, der dir einen fertigen Shop inkl. kompletter Infrastruktur anbieten kann, den du dann mit einer großen Auswahl an Designs gestalten und dann nach Belieben skalieren kannst. Es ist der deutlich schnellere Weg, über einen eigenen All-in-One Webshop Produkte zu verkaufen, als das gesamte Setup mühsam von A-Z selbst aufzusetzen.

- **Möchtest du die Produkte selbst lagern oder über entsprechende Anbieter, die das für dich übernehmen?**

Die Lagerhaltung wird leider häufig unterschätzt. Das ging uns damals bei den ersten Wachstumsschüben genauso. Du kannst die Produkte am Anfang wahrscheinlich bei dir selbst deponieren, hier kommt es aber mit Sicherheit auch auf die Menge an. Bei kleineren Volumen reicht zu Beginn ein Zimmer, ein Keller oder auch eine Garage. Doch was ist, wenn du grösser wirst und sich deine Mengen drastisch erhöhen? Hast du die Kapazitäten dann immer noch, selbst zu lagern? Wie sind dann die Wege, um die Ware aus dem Lager zu holen. Ist das

Lager sicher vor Einbruch, Brand oder einem Wasserschaden?

Hier gibt es nur 2 Ansätze, die wirklich Sinn ergeben: Entweder suchst du dir ein externes Lager oder wenn du das nicht auf dich nehmen willst, kannst du dich auch dazu entscheiden, die Lagerung an einen kompetenten Dienstleister zu übergeben. Hier spricht man von dem sogenannten Dropshipping oder auch Fulfillment: Du bestellst die Ware, lässt sie aber nicht mehr zu dir, sondern direkt an den Anbieter schicken und er kümmert sich dann um das Einlagern, das Picken und den Versand der Ware in deinem Namen, wenn es eine Bestellung gibt. Es gibt hier einige erfolgreiche und auch beeindruckende Beispiele, wie man sowas richtig machen kann.

Beides hat Vor- und Nachteile:

Lagerst du lieber selbst, hast du alles unter Kontrolle, auch die Qualitätsprüfung der Ware. Du musst aber evtl. externe Lagerplatzkosten und je nach Größe, auch ein Lagerhaltungssystem mit Regalen und Infrastruktur, sowie entsprechendes Personal einkalkulieren und zusätzliche Sicherheitsmaßnahmen gegen Diebstahl und Einbruch ergreifen. Dafür wird der komplette Ablauf und Gewinn aus dem Verkauf in deiner Hand bleiben und du kannst das Qualitätsmanagement selbst überwachen.

Gibst du es ab, hast du damit nichts zu tun und auch keine weiteren Anschaffungskosten. Der Anbieter wird dir einen Preis pro Bestellung oder Produkt verrechnen, den du in deinen Verkaufspreis einkalkulieren musst. Du hast allerdings keinen Einfluss mehr auf die Qualität der Ware und den Versand und musst dich hier auf deinen Dienstleister verlassen können, was nicht immer problemlos funktioniert.

Mein Tipp: Starte mit einem Anbieter, der dir das Versenden in deinem Namen und mit deinem Branding abnimmt und plane die Kosten in deinen Preis mit ein. Das klappt mit wenig Bestellungen meist sehr gut. So kannst du dich zu Beginn deiner E-Commerce Selbstständigkeit auf das Marketing und den Verkauf konzentrieren. Denn hier liegt der Erfolg oder Misserfolg deines Unternehmens, den du relativ schnell spüren wirst. Wirst du grösser, rate ich immer dazu, das Einlagern und Versenden später selbst zu machen. Dadurch kannst du den Qualitätslevel deiner Sendungen selbst beeinflussen und die Kunden auch nachhaltig zufriedenstellen. Die Kunst liegt darin, die Kunden nach der Bestellung zu behalten. Auch wenn du hier am Anfang mehr Geld investieren musst, wird ein eigenes Lager in der Zukunft langfristig immer nachhaltiger und billiger in der Kostenstruktur sein als bei einem externen Dienstleister.

- **Wie bist du finanziell aufgestellt und welche Kosten muss ich einplanen?**

Da du jetzt deine ersten wichtigen Entscheidungen getroffen hast, kannst du im nächsten Schritt nun errechnen, was du an Kosten für dein Vorhaben einplanen musst. Daran geknüpft musst du entscheiden, wie du dein Vorhaben finanzieren willst. Es gibt mehrere Möglichkeiten, das umzusetzen:

1. Du verfügst über genug eigene Mittel, um dein Unternehmen zu gründen. Das wäre der Goldstandard, ist aber leider selten, ohne fremde Hilfe am Anfang selbstbestimmt und unabhängig zu bleiben und dadurch auch zu lernen, wie man mit eigenem Geld umgehen muss. Hier musst du auf niemanden Rücksicht nehmen und kannst alles selbst entscheiden, musst aber immer deine Geldmittel im Blick behalten, da das Geld nicht auf den Bäumen wächst.

2. Du kannst dir Geld im engen Familien- und Freundeskreis beschaffen, einen kleinen Dispokredit von deiner Hausbank bekommen oder auch einen

staatlichen Fördertopf anzapfen. Hier spricht man von einem sogenannten Bootstrapping. Auch hier verzichtest du auf fremde Investoren und baust dein Unternehmen mit wenig Mitteln sparsam und etwas langsamer auf, bleibst aber bis auf wenige Schulden bei deinen Vertrauten oder deiner Hausbank selbstbestimmend. Auch hier wirst du lernen müssen, wie es ist, mit begrenzen Mitteln nachhaltig umzugehen. Manchmal kann es sinnvoll sein, deinem Familien- und Freundeskreis für ihre Geste ein paar Anteile abzugeben. So ist der Anreiz grösser, dir bei einem weiteren Geldbedarf vielleicht mit einem Darlehen auszuhelfen. Das erfordert aber viel Vertrauen, denn bei Geld hört die Freundschaft bekanntlich oft auf und das kann auch im Worstcase zu Spannungen und Brüchen in Familien und bei Freundschaften führen. Redet daher offen über das Thema und haltet alles vertraglich fest, so ist gewährleistet, dass jedem klar ist, auf was er sich eingelassen hat.

3. Du sammelst Geld über Investoren und Banken ein. Wenn du gleich Vollgas geben willst, brauchst du Cash und das nicht zu wenig. Eine Bank wird dein Vorhaben im XXL-Stil zu Beginn kaum finanzieren, es sei denn, du hast hier einen guten Draht. Hier musst du also Business Angels und Venture Investoren überzeugen und belegen, was dein Unternehmen so besonders macht. Dafür bekommst du Cash, musst aber damit leben, dass du nicht mehr alleiniger Besitzer deines E-Commerce Startups sein wirst. Ein Investor wird sich im Gegenzug für Kapital immer Anteile an deinem Unternehmen sichern. Du bist ab sofort nicht mehr alleinbestimmend, dafür kannst du jetzt viel mehr Geld in Marketing, Produkte und Wachstum stecken.

Mein Tipp: Bevor du diese wichtige Entscheidung triffst, solltest du dir überlegen, was du mit deinem E-Commerce Start-Up überhaupt erreichen willst. Wenn es ein kleiner Shop als zusätzliche Einkommensquelle neben dem Haupterwerb werden und auch bleiben soll, wirst du kaum einen Investor oder eine Bank finden, die dir Kapital zur Verfügung stellt. Hier würde ich auf den eigenen Geldbeutel oder auf deine nette Familie oder auch den Nachbar nebenan setzen. Wenn du allerdings davon ausgehst, dass dein Shop und das Sortiment das Potenzial für ganz nach oben hat, finde und überzeuge unbedingt einen Investor oder eine Bank von deiner Idee. Beachte aber, dass du bei einer Bank immer in der Kreide stehst, denn du hast dann Verbindlichkeiten dort und wirst Zahlen und Antworten liefern müssen. Einem Investor bist du dagegen schuldig, erfolgreich zu sein, andernfalls wird es Diskussionen mit ihm geben. In beiden Fällen musst du in der Nacht ruhig schlafen können, ansonsten ist es nicht ratsam, sich Geld aus einer fremden Quelle zu beschaffen. Entscheide selbst, wie viel du deiner Idee zutraust und wie gut du mit Druck in Form von Schulden oder Erfolgszwang umgehen kannst. Du siehst also, es gibt kein Richtig oder Falsch, höre hier auf deine innere Stimme und was du wirklich in der Zukunft mit deinem E-Commerce erreichen willst.

Wenn wir über das Thema Kosten sprechen wollen, ist es nicht möglich, ohne tiefgreifende Analyse zu sagen, was du an Geld benötigst. Wir unterscheiden hier in 3 Bereichen:

> Kosten für die Firmengründung: Alles, was du benötigst, um deine Firma als Kapitalgesellschaft zu gründen:

> Dazu gehören unter anderem Beratungs- und Anwaltskosten für Verträge, die Einzahlung des Stammkapitals auf deinem Bankkonto, Notarkosten, Anmeldung beim Gewerbeamt und auch Kosten für die Eintragung im Handelsregister, Logoerstellung, evtl. die Sicherung

von Wort und Bildmarken über ein Markenregister und die Kautionskosten für Anmietung von Büro und/oder Lagerräumen. Vergiss auch nicht zusätzliche Geldmittel auf deinem Konto, und zwar für die laufenden Betriebskosten, die schon zu bezahlen sind, bevor überhaupt Umsatz gemacht wird.

> ▷ Kosten für die Ersteinrichtung und Ausstattung:

Dazu gehören unter anderem Büromöbel und Hardware wie Telefon, etwas Deko damit dein Büro nicht trostlos aussieht, Drucker, Server und PC- Infrastruktur, Büromaterial, Lagerregale und Lagerboxen, Verpackungsmaterial je nach Bedarf und natürlich die Ware, die du verkaufen willst.

> ▷ Kosten für die Implementierung, bis du loslegen kannst:

Alle anfallenden Kosten für einen funktionierenden Shop, die du haben wirst, sofern du nicht exklusiv auf Plattformen verkaufen willst: Unter anderem sind das die Kosten für das gesamte Shopsystem, die Lagersoftware, eine evtl. benötigte Lizenz für das Buchhaltungsprogramm und das Erstellen und Versenden von Rechnungen, Programme für Kundensupport und E-Mail sowie das Hosting der Seite bei einem Anbieter und Beratungs- und Agenturkosten.

> ▷ Kosten für den laufenden Geschäftsbetrieb

Alle wiederkehrenden Kosten: Die wichtigsten sind hier Büro und Lagermiete, Wareneinkäufe, Lizenzkosten für Software und Programme, Versicherungen, Steuern, Personalkosten, Zollkosten, Telefonkosten, Porto- und Verpackungskosten, Kosten für Zahlungsanbieter und Hosting, laufende Rechtsberatung, Marketing- und Reisekosten.

Wie du siehst, kommt je nach Vorhaben und Größe für den Start alleine einiges an Kosten zusammen, und das wird regelmäßig unterschätzt. Im groben kann man für einen eigenen kleinen Webshop, der als Kapitalgesellschaft selbst betrieben wird, durchaus mit mindestens 50 000 Euro inkl. Stammeinlage rechnen, wenn man Lager und Büroräume miteinrechnet. Für einen reinen Verkauf auf einer Plattform reichen hingegen schon 30 000 Euro, sofern man die Gründungskosten einer Kapitalgesellschaft mitberücksichtigt. Als Kleinunternehmer ohne GmbH oder AG und einem Verkauf rein auf der Plattform, reichen in der Regel schon 5000 Euro zu Beginn. Willst du es als Kleinunternehmer lieber doch über einen eigenen Webshop realisieren, wirst du je nach Setup mit mindestens 10 000 Euro rechnen müssen. Das sind aber nur grobe Richtwerte und kommen auf deine genaue Vorstellung an, was du haben willst.

- **Wie viel Zeit kannst du täglich in das Vorhaben investieren?**

Diese Frage wird sich immer automatisch mit der Frage zuvor von selbst beantworten. Willst du Gas geben und etwas Einmaliges schaffen und brauchst Cash, musst du Zeit investieren, denn Zeit ist das wichtigste Investment neben Geld, um dein Start-Up erfolgreich zu machen. Wenig Zeit wird immer dazu führen, dass du keinen Erfolg haben wirst. Es ist eine Illusion, einen Onlineshop mit wenig Zeitaufwand erfolgreich und ohne Fokus zu betreiben. Denn deine Kunden werden es lieben, wenn du dir Zeit für ihre Anliegen nimmst, dein Bankkonto wird es mögen, wenn du Zeit hast, um viele Produkte zu verkaufen und dein Mindset wird es bewundern, wenn du dich in der Thematik ständig weiterentwickeln kannst.

- **Wie ist die private Familiensituation?**

Eine wichtige Frage, die viel zu oft vergessen wird, da sie im direkten Kontext mit den beiden Fragen davor zu sehen ist und enorme Auswirkungen auf dich haben wird. Es ist sicher einfacher, ohne Familie ein so zeitintensives Business zu starten und auch zu betreiben. Hast du einen Partner oder eine ganze Familie mit Nachwuchs, hast du auch Verpflichtungen. Ich empfehle daher immer, so ein Vorhaben mit deinen Liebsten abzustimmen, bevor du loslegst. Denn nur wenn deine Familie hinter dir steht und auch stehen kann, wird es dir gelingen, erfolgreich zu sein, da alle unter deinem Zeitmangel leiden werden. Hast du keinen familiären Anhang, ist es einfach. Doch mit Partner oder Familie musst du dich immer Fragen: Zeit mit Partner oder Familie verbringen oder doch lieber versuchen, mehr Geld zu verdienen und dafür gemeinsame Zeit opfern? Beides wirst du in einer Gründungsphase nicht in Einklang bringen oder im schlimmsten Fall auch beides verlieren. Sei dir darüber vorher bewusst, den danach ist es zu spät.

- **In welcher Rechtsform soll das Vorhaben geführt werden?**

Wenn du es richtig machen willst, empfehle ich immer, hier als Kapitalgesellschaft über eine GmbH oder AG aufzutreten. Das schafft Vertrauen beim Kunden und auch zukünftigen Geschäftspartnern und sichert dich über den GmbH Haftungsschirm vor gewissen Risiken ab. Auch hat das ganze steuerliche Auswirkungen bei Gewinnen, da du in einer Kapitalgesellschaft mehr Möglichkeiten nutzen kannst. Möchtest du das ganze eher als Hobby oder auch Nebengewerbe betreiben und ausschließlich an Endkunden verkaufen, kannst du es auch im ersten Schritt als Kleinunternehmer betreiben. Hier gibt es neben der möglichen MWST-Befreiung auch den Vorteil der schlanken Buchhaltung, die hier recht einfach über eine Gewinn- und Verlustrechnung abzurechnen ist. Du musst aber auf Umsatzgrenzen achten, um nicht aus dem Modell zu fliegen. Wenn du eher an andere Gewerbetreibende verkaufen willst, ist ein Kleinunternehmen die falsche Wahl, da du keine MWST-Ausweisung auf der Rechnung hast, und somit für einen Unternehmer als Käufer keine Vorsteuer abziehbar ist.

Suche dir auf jeden Fall einen guten Steuerberater, der dich unterstützt und vergiss nicht den Gang zum Gewerbeamt in beiden Varianten.

- **Hast du bereits Name und Logo für deinen Webshop?**

Kein Webauftritt ohne anständiges Logo und einen guten Brandnamen. Du kannst selbst etwas erstellen oder eine Agentur damit beauftragen. Aber achte darauf, dass der Name und das Logo nicht schon geschützt sind, sonst können Abmahnungen von Rechteinhabern für dich teuer werden und deinen Traum gleich zu Beginn beerdigen. Du kannst hier auf Nummer sicher gehen und das Markenregister durchsuchen lassen. Hierfür gibt es Anwälte, die das gerne übernehmen, natürlich gegen Bezahlung. Dann bist du aber auf der sicheren Seite, dass du keine Probleme bekommst und dir das Ganze nicht um die Ohren fliegt.

KAPITEL 2:
KPIs und Kundenbindung im Einklang für deinen langfristigen Erfolg

Nachdem wir im ersten Kapitel die grundlegenden Fragen und Antworten zu einem Onlineshop besprochen haben und dadurch hoffentlich deine Entscheidung gefallen ist, spätestens jetzt deinen Shop ins Rennen zu schicken oder der Webshop vielleicht sogar schon am Start ist, wollen wir uns jetzt im nächsten Schritt mit ein paar Kennzahlen darauf konzentrieren, wie du dein frisches E-Commerce Startup richtig skalieren kannst, dabei deine ersten wichtigen Prozesse überwachst und auch an den richtigen Stellschrauben drehst, damit alles effizient bleibt und deine Kundenzufriedenheit weiter steigen kann. Dadurch kannst du deinen Unternehmenserfolg nachhaltig erhöhen.

Doch bevor wir uns die Kundenzufriedenheit anschauen, die mittlerweile unsagbar wichtig ist, müssen wir uns in der ersten Stufe ein paar der wichtigsten Kennzahlen anschauen, die man als KPIs bezeichnet, was übersetzt „Key Performance Indicator" bedeutet. Du brauchst sie zwingend als Monitor, um dein E-Commerce Startup in allen Bereichen wie zum Beispiel Marketing, Lager und Einkauf zu überwachen. KPIs sind unverzichtbare und wichtige Helfer, mit denen du die Leistung in deinem Onlineshop messen und beobachten kannst. Mit den hieraus gewonnenen Ergebnissen kannst du proaktiv reagieren und die korrekten Entscheidungen treffen, damit sich dein Shop auch in die richtige Richtung entwickelt und zwar von der ersten Bestellung an. Es gibt zahlreiche Tools dafür, mit denen du deine für dich relevanten KPIs messen kannst. Im Idealfall hast du ein Dashboard, also eine grafische Benutzeroberfläche, wo dir alle KPIs im Überblick angezeigt werden.

Es gibt unzählige KPIs, im Netz findest du zahlreiche Informationen dazu. Ich möchte dir hier nur einige der wichtigsten davon mitgeben, mit denen du dich von Anfang an auseinandersetzen solltest, damit du das Verständnis bekommst, wie du die Ergebnisse daraus zu deuten hast. Leider beschäftigen sich viele Gründer zu Beginn nicht genug damit und treffen dann teilweise fatale Fehlentscheidungen, weil sie „aus dem Bauch heraus" agieren. Auch ich habe mich damals zu meiner Gründungszeit am Anfang nicht genug mit diesen Kennzahlen in meinem E-Commerce Startup beschäftigt und dadurch sicher einiges an Lehrgeld bezahlt. Du kannst es jetzt besser machen und dir das Geld besser sparen:

- **Die Conversion Rate (CR)**

Die „Konvertierungsrate" ist mit Abstand einer der wichtigsten Kennzahlen, die man kennen muss, wenn man neu in dieser Branche ist oder im E-Commerce erfolgreich sein will. Es ist eine Prozentangabe und sie zeigt dir auf, wie viele von deinen Besuchern im Shop schlussendlich auch eine gewünschte Handlung, wie zum Beispiel einen Kauf bei dir im Shop, getätigt haben. Es gibt entsprechende Analyse Tools im Web, mit denen du deine Conversion Rate ausrechnen und anzeigen lassen kannst.

Wenn wir hier das Beispiel nehmen, dass wir die Conversion Rate dazu nutzen wollen, um zu erkennen, wie viele der Besucher im Webshop auch eine Bestellung abgegeben haben, dann kannst du das wie folgt berechnen: Du hattest in einem vorher definierten Zeitraum 100 Besucher in deinem Onlineshop und 5 Besucher davon haben etwas bei dir gekauft, dann entspricht das einer Conversion Rate von 5%, da 5 Besteller von 100 Besuchern genau 5% sind.

Wie hoch eine Conversion Rate sein muss, ist nicht definiert, doch man kann sagen, dass viele Onlineshops hier 1 - 3% verbuchen können. Kommst du auf 5% oder mehr, gehörst du schon zu den besseren Ausnahmen in der Onlinewelt. Auf der anderen Seite sagt eine hohe CR nicht unbedingt etwas darüber aus, ob du erfolgreich bist. Es kommt tatsächlich auch auf die tatsächliche Menge der Besucher und Bestellungen in einem Zeitraum an. Wenn du zum Beispiel in einem vorgegebenen Zeitraum nur einen Besucher in deinem Shop hattest und dieser hat dann auch bei dir eingekauft, dann hättest du eine fantastische Conversion Rate von 100%. Ich glaube, wir sind uns einig, dass eine Bestellung nicht dazu führen wird, dass du in den Ruhestand gehen kannst. Aber die Kennzahl gibt dir einen stetigen Blick auf die Entwicklung deines Onlineshops und du solltest sie immer im Auge behalten.

- **Der Warenkorbwert**

Der Warenkorbwert, auch Durchschnittskauf genannt, zeigt dir an, wie viel im Durchschnitt pro Bestellung bei dir eingekauft wird. Um das zu erkennen, brauchen wir den Warenkorbwert. Hier gilt die Regel: Je mehr, desto besser. Als Beispiel gehen wir hier davon aus, dass du in einem entsprechenden Zeitraum insgesamt 2 Bestellungen hattest. Eine davon war 100 Euro hoch, die andere nur 50 Euro. Zusammen ergibt sich ein Bestellwert von 150 Euro aus insgesamt 2 Bestellungen, was einen Durchschnittswarenkorb von 75 Euro ergibt.

Am Warenkorbwert erkennst du also ganz genau, ob die Kunden bei dir im Shop pro Bestellung mehr kaufen oder nicht. Deine Aufgabe sollte es sein, diesen Wert nach oben zu bringen. Idealerweise kaufen Kunden mehrere Produkte in einer Bestellung, das senkt deine Kosten pro Bestellung nachhaltig.

- **Customer Lifetime Value (CLV)**

Der Customer Lifetime Value, auch CLV und auf Deutsch „Kundenwert" genannt, berechnet dir den Wert eines Kunden während der gesamten Lebenszeit deines Onlineshops. Es ist eine Kennzahl, die für das Marketing eine wichtige Messlatte darstellt. Hier wird nämlich nicht nur betrachtet, was der Kunde in der Vergangenheit bereits bei dir ausgegeben hat, sondern auch eine Schätzung vorgenommen, was er in der Zukunft bereit ist, bei dir an Umsatz liegen zu lassen. Wenn der Kunde in der Vergangenheit bereits 100 Euro in einem Zeitraum von 3 Jahren bei dir ausgegeben hat, wird er dies in den nächsten 3 Jahren wahrscheinlich wieder tun.

Der CLV ist also eine wichtige Kennzahl, um festzustellen, wie viel Geld man für eine Kundenbeziehung ausgeben kann und wie viel ein Kunde für dich wert ist. Wenn du als Beispiel für eine Kundenbeziehung 100 Euro im Schnitt an Marketingkosten ausgibst, der CLV des Kunden aber dann nur 50 Euro beträgt, dann wäre das ein schlechter Wert für dich. Beachte aber, dass du zu Beginn deines Shops in der Regel einen schlechteren Wert hast, der sich dann mit dem Zeitraum über die Jahre verbessern sollte. Wenn du erst seit drei Monaten dabei bist, kannst du noch keine langfristige Diagnose zu deinen Kunden stellen und der CLV ist dann noch nicht wirklich aussagekräftig.

- **Return on Investment (ROI)**

Der Return on Investment, auf Deutsch auch „Kapitalrendite" genannt, wird in Prozent angegeben und ist unverzichtbar, wenn es um deine Marketingkampagnen geht. Du kannst durch diese Kennzahl errechnen, ob sich deine Ausgaben für zum Beispiel eine Werbekampagne zu einem Produkt rechnen und wie wirksam sie wirklich ist. Teile deinen Nettogewinn aus einer Kampagne einfach durch die Totalkosten, die du dafür aufgebracht hast und nimm das Ergebnis mal Einhundert. Wenn du also beispielsweise für ein neues Produkt massiv Werbung gemacht hast, für die du 100 Euro ausgegeben hast, aber unterm Strich nach Abzug der Kosten damit 1000 Euro Reingewinn bei dir hängen bleiben, dann wäre dein Return on Investment bei sagenhaften 1000%, denn du hast ja aus jedem eingesetzten Euro insgesamt 10 Euro Reingewinn erwirtschaftet.

■ **Die Retourenquote**

Die Retourenquote wird zum Start eines Onlineshops leider sehr oft vergessen, da sich mehr auf das Verkaufen konzentriert wird. Dabei ist sie so wichtig für deinen Versand und den dazugehörigen Einkauf. Daran siehst du nämlich, wie hoch der Anteil der Produkte ist, die von Kunden wieder zurückgesendet werden. Wenn du beispielsweise 100 Stück von Artikel X verkaufst und davon dann 50 Artikel wieder bei dir landen, dann hast du eine Retourenquote von 50%, was ein sehr schlechter Wert ist. Oft ist das Zusammenspiel zwischen dem Einkauf und den Retouren noch nicht wirklich abgestimmt. Dadurch kann ein Missverständnis entstehen. Daher ist es wichtig, die beiden Bereiche miteinander abzustimmen. Wenn du beispielsweise im Einkauf 100 x Artikel X bestellst und dieser sich schnell abverkauft, gehst du im ersten Schritt und ohne Blick auf die Retouren davon aus, dass der Artikel gut läuft. Du wirst ihn im Einkauf wieder bestellen, aber mittlerweile sind 50 Stück von Kunden wieder an dich zurückgesendet worden. Der Artikel läuft also gar nicht so gut, wie du gedacht hast. Beziehe daher immer deine Retouren in den Einkaufsprozess mit ein, und zwar von Anfang an, dann wird dein Einkauf effizienter und auch kostengünstiger.

- **Click Through Rate (CTR)**

Du brauchst die Click Through Rate, auf Deutsch bezeichnet man sie einfach als „Klickrate", um zu erkennen, wie sich das Verhältnis zwischen den bei potenziellen Kunden angezeigten Werbeanzeigen (Impressionen) von dir im Netz zu deren tatsächlichem Klickverhalten, auf zum Beispiel einen Link in der Werbeanzeige zu deiner Seite, verhält. Daran kannst du sehen, wie erfolgreich eine von dir durchgeführte Werbeanzeige tatsächlich ist. Wenn zum Beispiel potenziellen Kunden im Netz surfen und ihnen deine Werbeanzeige 100 mal angezeigt wird und 5 Kunden davon klicken dann auf die Anzeige, dann hast du eine CTR von 5%.

- **Return on Ad Spend (ROAS)**

Auf Deutsch bedeutet diese Kennzahl „Rendite der Werbeausgabe". Mit dieser Zahl bewertest du deine Ausgaben für Werbungsaktionen auf ihre Effizienz und den Ertrag in Form von Umsatz daraus und kannst auch verschiedene Maßnahmen miteinander vergleichen, ob sie sich für dich tatsächlich lohnen oder du nochmal nachjustieren musst. Um sie zu berechnen, teilst du einfach den Umsatz aus einer Werbeaktion durch die Kosten, die dafür entstanden sind. Wenn du beispielsweise aus einer Marketingaktion 200 Euro Umsatz generiest und dafür 50 Euro ausgegeben hast, beträgt dein Return on Ad Spend den Faktor 4, da du für jeden Euro, den du in die Kampagne gesteckt hast, 4 Euro an Umsatz erzielst. Wenn du lieber in Prozent rechnest, kannst du das Ergebnis auch x 100 nehmen, dann hast du eine Prozentangabe. In diesem Beispiel würde der ROAS dann bei 400% liegen. Du solltest also immer mindestens auf einen Wert von 100% kommen, sonst lohnt sich die Aktion nicht und du legst drauf.

- **Deckungsbeitrag 1 (DB1)**

Den Deckungsbeitrag 1 brauchen wir von Anfang an bzw. sobald du die ersten Produkte verkaufen willst. Mit dieser Kennzahl können wir errechnen, ob Artikel eine positive Marge erzielen bzw. ein positiver Wert stehen bleibt. Die Berechnung ist ganz einfach. Du nimmst das Umsatz Netto (Ohne Steuern) eines Produkts, dass du verkaufen willst und ziehst die variablen Kosten davon ab, die du dafür hast. Das schauen wir uns anhand eines einfachen Beispiels an: Du verkaufst ein Produkt für 100 Euro netto ohne MWST und hast für das Produkt variable Kosten von 70 Euro. Der Deckungsbeitrag 1 würde somit bei 30 Euro stehen. Du bist mit variablen Kosten also Profitabel unterwegs. Hättest du hingegen variable Kosten von 110 Euro, dann wäre der DB1 bei -10 Euro und das Produkt wäre zu diesem Preis nicht mehr profitabel. Es ist also wichtig, dass bei der DB1 Berechnung ein positiver Wert stehen bleibt, sonst legst du drauf. Der DB1 ist nur der erste Schritt in der Berechnung, ob es sich für dich lohnt, ein Produkt zu verkaufen. Es gibt insgesamt 3 weitere Stufen(Deckungsbeitrag 2-4), auf die wir hier aber im ersten Schritt nicht näher eingehen wollen.

- **Customer Acquisition Cost (CAC)**

Hiermit errechnest du die "Kundenakquisitionskosten". Also die Kosten, die du aufwenden musst, um neue Kunden für deinen Shop zu gewinnen oder anders ausgedrückt, sie dazu zu bewegen, bei dir etwas zu kaufen. Desto niedriger der Wert ist, desto profitabler ist das Ganze für dich. Du solltest diese Kennzahl immer im Blick haben, um von Anfang an den Wert so niedrig wie möglich zu halten. Wenn wir das wieder an einem Beispiel festmachen wollen: Du hast über einen gewissen Zeitraum 1000 Euro für Neukundenwerbung ausgegeben, damit aber nur 2 Kunden eingefangen. Dadurch würde dich jeder neue Kunde 500 Euro kosten. Wenn du jetzt als Beispiel im Schnitt pro Kunde nur 100 Euro Umsatz machst, bist du alles andere als Profitabel beim Kundenfang.

- **Cart Abandonment Rate (CAR)**

Die zu Deutsch genannte "Rate der Kaufabbrüche oder Warenkorbabbruchquote" zeigt dir an, wie viele Kunden in deinem Shop Produkte zwar in den Warenkorb gelegt haben, aber den Bestellprozess aus irgendwelchen Gründen nicht zu ende bringen. Sie alle werden als „abgebrochen" eingestuft. Der Abbruch kann viele Gründe haben. Oft liegt es an fehlenden Zahlarten, die für den Kunden wichtig sind, an einem Onlineshop, der zu langsam ist oder an einem zu trägen Prozess im Checkout. Es kann aber auch am Preis liegen oder an deiner Produktverfügbarkeit. Für viele Kunden ist es auch wichtig, dass sie kein Kundenkonto anlegen müssen, daher solltest du auch Bestellungen ohne Konto als Gast zulassen. An einem Beispiel machen wir die Kennzahl sichtbar: Du hast in einem bestimmten Zeitraum 100 Bestellungen bekommen und gleichzeitig haben 200 Besucher Produkte in den Warenkorb gelegt, die Bestellung aber aus irgendwelchen Gründen nicht abgeschlossen. Deine CAR Rate beträgt hier dann 50%. Du musst diese Zahl also unbedingt im Auge behalten, um nicht zu viele Kunden und Umsatz zu verlieren, die nicht bestellen, denn das ist bares Geld für dich.

- **EBITDA**

Eigentlich eine Kennzahl, die nicht direkt zu den klassischen im E-Commerce gehört, sondern in den Bereich der Betriebswirtschaft jeder Firma gehört. Dennoch halte ich diese Kennzahl für Einsteiger wichtig, mit der man sich von Anfang an beschäftigen sollte, da sie Auskunft über die Profitabilität deines operativen Geschäfts und den Unternehmenswert gibt, die wahrscheinlich für

Banken, mit denen du zusammenarbeitest und außenstehende Personen, die mit dir in eine Kooperation gehen wollen oder Interesse haben, bei dir als Partner einzusteigen, wichtig ist. Der EBITDA bedeutet übersetzt: Earnings before interest, taxes, depreciation and amortisation. Auf Deutsch heißt das Ergebnis vor Zinsen, Steuern und Abschreibungen. Mit ihr lässt sich auch eine EBITDA Marge errechnen, im Verhältnis EBITDA zu Gesamtumsatz. Mit dem EBITDA lassen sich auch international Firmen miteinander vergleichen, da Steuern in jedem Land anders sind und diese hier nicht berücksichtigt werden. Auch eine der wichtigsten Kennzahlen, wenn es um einen Verkauf und der daraus resultierenden Bewertung der Firma geht.

Nachdem wir uns jetzt die Kennzahlen genauer angeschaut haben und du deine Bestellungen und das Volumen besser verstehen und auswerten kannst, geht es im nächsten Schritt darum, die gewonnenen Neukunden in der Zukunft zu Bestandskunden zu machen. Dazu ist es wichtig, langfristig zu denken, denn nur zufriedene Kunden werden wieder kommen und dir langfristige Umsätze sichern und dadurch automatisch zu Bestandskunden werden. Doch was macht Bestandskunden so wertvoll? Du musst verstehen, dass Bestandskunden nicht teuer durch Marketingaktionen generiert werden müssen, da sie deinen Shop ja bereits kennen. Sie kosten dich also in der Folgebestellung deutlich weniger, als beim ersten mal. Das senkt deine Kosten für Kundengewinnung enorm, da du dich darauf konzentrieren kannst, diesen Kunden einen weiteren Kauf mit guten Aktionen für Folgebestellungen schmackhaft zu machen.

Das kannst du sicher aus eigener Erfahrung bestätigen, auch wenn dir das im ersten Schritt nicht bewusst ist, denn wir Menschen sind Gewohnheitstiere. Nehmen wir mal ein Beispiel und gehen davon aus, dass du bei deinem letzten Urlaub in Spanien warst und mit dem Hotel dort absolut zufrieden warst und zwar aus folgenden Gründen:

> ▷ Du wurdest an der Rezeption freundlich und mit einem Lächeln empfangen.

> ▷ Dein Zimmer war bei der Anreise sauber, es entsprach deinen Vorstellungen und du hattest eine schöne Aussicht.

> ▷ Das Essen war perfekt und die Drinks waren lecker.

> ▷ Die Reinigung deines Zimmers war perfekt.

> ▷ Du hattest zwar eine Reklamation, weil eine Lampe in deinem Zimmer nicht funktionierte, doch dein Anliegen wurde sofort zu deiner Zufriedenheit erledigt.

Nach der Heimreise wirst du deine Erlebnisse mit dem Hotel begeistert mit deinen Freunden teilen und das Hotel sicher in den Gesprächen erwähnen. Wenn du 2 Jahre später wieder nach Spanien reist, wirst du dich mit sehr hoher Wahrscheinlichkeit an das Hotel erinnern und erneut dort buchen, da du von einem ebenso wunderbaren Aufenthalt wie in der Vergangenheit ausgehst.

Genau mit diesem Mindset musst du dich in den Kunden aus deinem Shop versetzen. Zufriedene Kunden sind Gold wert und genauso musst du sie auch behandeln. Viele Onlineshops haben das leider vergessen und vernachlässigen diesen wichtigen Faktor der Zufriedenheit. Deswegen ist es wichtig zu verstehen, welche Berührungspunkte ein Besteller mit deinem Shop hat, die seine Entscheidung nachhaltig beeinflussen werden, hier wieder einzukaufen. Wir nennen sie hier die Touchpoints:

- Der erste Berührungspunkt ist immer der Bestellvorgang selbst oder eine Anfrage zu einem Produkt, dass den Kunden interessiert: Wenn die Anfrage durch den Kundendienst schnell und freundlich beantwortet wird, der Preis passt und der darauffolgende Bestellvorgang reibungslos funktioniert, wird der Kunde mit Vorfreude auf seine abgegebene Bestellung warten.

- Der Moment, in dem das Paket beim Kunden zuhause ankommt ist, der zweite Berührungspunkt: Die Sendung ist äußerlich unversehrt und ansprechend gut verpackt. Es liegt als Giveaway eine Grußkarte im Paket und evtl. eine kleine Aufmerksamkeit zum Naschen. Es entsteht ein Glücksgefühl und die Erwartungshaltung an das Produkt steigt.

- Der dritte Berührungspunkt ist der wichtigste und im Idealfall der letzte von allen: Die Erwartungshaltung, dass das Produkt vollkommen den Vorstellungen entspricht und mangelfrei beschaffen ist. Nach dem Auspacken stellt der Kunde zudem fest, dass es das richtige Produkt ist und die Erwartungen an Optik, Haptik und Qualität erfüllt. Der Kunde ist glücklich und wird dich und deinen Shop positiv in Erinnerung behalten.

- Der vierte Berührungspunkt kommt gelegentlich vor und ist oft erst ein Moment der Enttäuschung für den Kunden, wenn es mal zu einer Unzufriedenheit durch einen Mangel kommt: Der Kunde wird dich im ersten Schritt als Shop von Zufrieden auf Unzufrieden zurückstufen und daraufhin kontaktieren, um eine Lösung für sein Problem zu bekommen. Du machst hier alles richtig und reagierst prompt und freundlich auf seine E-Mail oder seinen Anruf und sendest ihm gleich schnell einen Ersatz, der einwandfrei funktioniert oder bietest ihm eine Rückerstattung an. Die Stimmung ändert sich von Enttäuschung zu Zufriedenheit, da der Kunde jetzt verstanden hat, dass er deinem Shop und dir vertrauen kann und du sein Anliegen zur vollen Zufriedenheit gelöst hast.

Glückwunsch, denn du hast hier im Idealfall einen Neukunden zu einem Bestandskunden gemacht. Wenn wir hier wieder das Beispiel aus deiner Urlaubserfahrung nehmen, kannst du das 1: 1 auf deinen Shop übertragen. Du siehst also, wie wichtig es ist, den Kunden in allen Phasen des Einkaufs zufrieden zu stellen und ihm so ein positives Einkaufserlebnis zu vermitteln, denn das Kaufen ist immer mit Erwartungen und Emotionen verbunden. Darum ist es so wichtig, im Kundendienst nach dem Kauf seine Hausaufgaben zu machen. Halten wir also hier nochmal die wichtigsten 5 Punkte für den Kundendienst fest:

1. Sei stets freundlich, auch wenn ein Kunde eine Anfrage stellt oder eine Reklamation hat und dabei möglicherweise gereizt ist. Er meint es sicher nicht persönlich, denn du würdest dich wahrscheinlich ähnlich verhalten.

2. Reagiere immer schnell und effizient und lass deine Kunden niemals lange warten, weder am Telefon noch wenn es E-Mails gibt. Die Reaktionszeit ist hier entscheidend für Erfolg oder Misserfolg im E-Commerce. Wenn du länger als 24 Stunden für die Beantwortung einer E-Mail benötigst, ist das heute als Reaktionszeit nicht mehr akzeptabel. Das Telefongespräch solltest du ebenso schnell annehmen,

denn Kunden mögen es nicht, wenn sie warten müssen.

3. Biete immer eine schnelle und einfache Lösung an, egal bei welchem Thema. Vermeide hier auch langwierige Konversationen mit deinen Kunden, denn diese führen nur zu Frust und Unzufriedenheit und enden meistens im Desaster.

4. Diskutiere nicht mit deinen Kunden über Recht oder Unrecht, sondern löse das Problem so gut du kannst und lasse dein Ego in der Hosentasche, denn der Kunde hat immer Recht.

5. Versuche deine Kunden weg vom Telefon hin zum Schreiben einer E-Mail zu bewegen. Eine E-Mail kannst du zu jeder Tageszeit von überall aus beantworten, was beim Telefon nicht so einfach ist. Dadurch bekommt dein Kunde sein Feedback deutlich schneller und beim nächsten Mal wird er gar nicht mehr anrufen wollen, wenn du ihn schnell und freundlich per E-Mail bedient hast.

Wenn du diese Ratschläge beherzigst, wirst du dir in deinem Shop über den Kundendienst schnell einen Namen machen können und Erstkunden werden so zu loyalen Mehrfachbestellern. Es ist manchmal ganz einfach und nur mit ein paar Maßnahmen umsetzbar.

Doch mit welchen Tools kannst du dich hier optimieren?

Es gibt im Kundendienst zahlreiche Tools und Werkzeuge, um dir den Aufwand zu minimieren. Es kommt jedoch immer auf das Setup an und deine ganz persönliche Wunschvorstellung, was du dafür ausgeben willst. Wenn wir jedoch zu Beginn über ein paar E-Mails oder Telefonate sprechen, die bei dir eingehen, wirst du das sicher noch mit dem vertrauten E-Mail- und Telefonanbieter hinbekommen. Achte aber in jeden Fall beim E-Mail Verkehr auf eine Signatur mit Name und Firmendaten und ein ansprechendes Bild von dem Mitarbeiter, der die Kundenanfragen erledigt und lasse Kunden am Telefon nicht so lange warten. Das schafft Vertrauen und der Kunde kann bei einer E-Mail erkennen, mit wem er gerade schreibt. Hast du in der Zukunft mehr Kommunikation, gibt es dafür zahlreiche Softwareanbieter, mit denen du deinen Mailverkehr und auch das Telefon besser organisieren und auch automatisieren kannst. Solche Anbieter arbeiten in der Regel cloudbasiert und im E-Mail Bereich mit einem Ticketsystem, auf das wir hier kurz eingehen wollen, denn mit einem Ticketsystem kannst du viele Funktionen nutzen.

Hier ein paar Beispiele aus der Praxis, die mit einem solchen System möglich sind:

> Mehrfache Anfragen, die von einem Kunden kommen, können gebündelt und zu einer Anfrage zusammengeführt werden.

> Du kannst eingehende E-Mails nach Prioritäten und Themen sortieren.

> Du hast die Möglichkeit zu überwachen, wie viele Tickets (E-Mails) du noch zu beantworten hast und welche noch in der Warteschleife sind, weil du hier auf das Kundenfeedback wartest.

> Es gibt Statistiken über ein Dashboard, mit denen du deine Benchmark messen kannst. Dadurch kannst du sehen, wie gut und schnell im durchschnittlichen Vergleich zum restlichen Markt bei dir im Kundensupport gearbeitet wird.

> Es können mehrere Mitarbeiter gleichzeitig über die Oberfläche an den Tickets arbeiten und jeder sieht, wer welches Ticket bearbeitet oder beantwortet hat. So hat jeder immer den aktuellen Stand und es werden doppelte Beantwortungen verhindert.

> Du kannst dir Vorlagen erstellen und so vorge-
fertigte E-Mails nutzen und zwar für Themen,
die sich ständig wiederholen. Dadurch musst
du die E-Mail nicht immer wieder neu schreiben. Diese lassen sich auch jederzeit anpas-
sen, wenn es Änderungen gibt.

> Performance Messungen ermöglichen dir, Mit-
arbeiter im Kundendienst miteinander zu vergleichen.

> Jeder Mitarbeiter hat ein eigenes Konto, so ist
immer nachvollziehbar, wer in welchem Fall das
Ticket wie gelöst hat.

> Manche Systeme lassen sich sogar mit deinem
Shopsystem verbinden, so siehst du zu dem
Ticket direkt auch die Bestellung oder Stamm-
daten des schreibenden Kunden.

Du siehst also, es gibt tolle Möglichkeiten, deinen Kundendienst schnell und einfach zu optimieren. Das dafür
ausgegebene Geld holst du über Zeitersparnis, Kundenzufriedenheit und Effizienz schnell wieder rein.

KAPITEL 3:
STARKE PROZESSE UND AUTOMATISIERUNG FÜR EINSTEIGER IM E-COMMERCE

Dein Setup steht und du bist nun endlich bereit, deine Produkte zu verkaufen oder bist du schon fleißig dabei? Dann achte von Anfang an darauf, die Effizienz in deinen Abläufen hoch zu halten und permanent nachzubessern. Dieser Schritt wird gerade zu Beginn einer Selbstständigkeit oft vernachlässigt, weil man sich im Onlinebusiness lieber auf das Verkaufen konzentriert und sich über die Effizienz der Abläufe auf den „Nebenschauplätzen" nicht wirklich Gedanken macht und dort die Prozesse quasi einfach mitschwimmen. Doch mit dem kommenden Wachstum werden deine Abläufe ohne Vorgaben und Kontrollen schwerfälliger, fehleranfälliger, träge und umständlicher. Diese Prozesse dann später noch umzukehren, wird umso schwieriger, desto grösser du wirst. Schau dir als Beispiel einige große Player an. Dort ist die Struktur meist alles andere als Effizient. Das ist deine Chance, es besser zu machen und mit kleinen und schlagkräftigen Impulsen schneller auf dem Markt zu agieren, als es die großen Dinos tun, die für jede Entscheidung oder Umstellung Monate oder gar Jahre brauchen. Nutze diese Chance, die ein echter Wettbewerbsvorteil für dich sein kann.

Wir schauen uns dazu ein paar Klassiker an, die sich direkt von Anfang an ohne Riesensummen an Investments und mit meist überschaubarem Aufwand ganz gut optimieren lassen und dir dabei helfen können, dass du den Aufwand später deutlich minimieren kannst oder du für weitere Folgeprozesse gerüstet bist.

Dazu unterscheiden wir generell 2 Arten von Prozessen:

Physische Arbeitsprozesse: Darunter verstehen wir alle Prozesse, die das operative Geschäft von dir betreffen und nicht mit Hilfe digitaler Software optimiert oder umgesetzt werden:

- Das Picken bzw. Heraussuchen der Ware im Lager: Oft wird am Anfang noch klassisch der Lieferschein mit Papier über einen Drucker ausgedruckt, wenn eine Bestellung eingegangen ist. Die Ware wird dann mit dem Lieferschein aus den Fächern gesucht und herausgeholt. Der Lieferschein dient dann final auch gleichzeitig als Versandadresse, denn er wird gefaltet und in eine rote Lieferscheintasche eingelegt. Diese Tasche wird dann über angebrachte Klebestreifen auf der Rückseite auf das Paket geklebt. Dieser Prozess macht wirklich nur Sinn, wenn du maximal ein paar Produkte am Tag aus dem Lager holen und verpacken musst. Ansonsten solltest du hier direkt auf eine kleine Digitalisierung setzen, um den Zeitaufwand zu minimieren. Mit einer kleinen Lagerbewirtschaftung und den passenden praktischen Handscannern, brauchst du keine physischen Lieferscheine mehr auf Papier ausdrucken, was dir Zeit, Kopierpapier, Lieferscheintaschen und Druckertoner spart. Mit einer App auf dem Scanner, siehst du dann beispielsweise genau die Produkte aus einer Bestellung, welche von dir aus dem Lagerfach entnommen und zusammen verpackt werden müssen. Dazu müssen deine Produkte im Lagerfach allerdings immer mit einem Barcode zur Identifikation versehen sein, sonst funktioniert der ganze Ablauf nicht. Wenn du die Produkte aus der Bestellung dann final einpackst, scannst du sie nochmal als Gegenkontrolle. Ist die Bestellung für das System dann vollständig, kommt bei vielen Anbietern über einen kleinen Etikettendrucker am Arbeitstisch automatisch ein kleines Adresslabel heraus, welches du einfach auf die Sendung kleben kannst. Wenn du das bei nur 1000 Bestellungen mit so einem Setup machst, wirst du staunen, welche Zeit- und Materialersparnis du hier schon einfahren kannst. Die Investitionskosten für die Umstellung hast du so schnell wieder reingeholt und bist fit für den weiteren Wachstum. Zudem solltest du die Artikel direkt neben dem Verpackungstisch lagern, die bei dir immer wieder oft und regelmäßig gekauft werden, die sogenannten Topseller, denn das spart dir aufs Jahr gesehen weiter enorme Arbeitswege und damit auch Zeit, wenn du für solche Artikel nicht immer wieder an das hinterste Lagerfach laufen musst.

- Das Verpacken und Versenden der Ware: Die Kartongröße ist hier kriegsentscheidend. Ich sehe immer wieder viel zu große Kartons, die von den hiesigen Versandhändlern für eine Bestellung genutzt werden. Wahrscheinlich hast du das selbst auch schon erlebt, wenn du etwas bestellt hast. Um hier ein Wackeln der Produkte und evtl. Beschädigungen in den Kartons zu verhindern, weil das Produkt ja viel zu klein ist für den großen Karton, wird einfach zur Kompensation zusätzlich viel Füllmaterial verwendet. Doch das muss nicht sein und ist reine Geldverschwendung. Passe deine Kartons doch einfach an deine Produkte und Sendungen in der Größe an, damit du kein teures Füllmaterial verwenden musst. Es gibt zahlreiche Anbieter auf dem Markt, die mehr als nur Standardabmessungen anbieten und dir quasi fast jedes Format produzieren können. Wenn du aufgrund der Größe deiner Produkte auch Briefe nehmen kannst, setze hier auf Luftpolsterumschläge. Dann sparst du teure Kartons und kannst unter Umständen auch noch Porto sparen, da Briefe viel billiger als Pakete sind. Achte aber darauf, dass du zerbrechliche Sachen nicht einfach im Briefumschlag versendest. Auch wenn du hier denkst, Verpackung und Porto zu sparen, wird es deine Kundenzufriedenheit keinesfalls steigern, wenn viele Sendungen beschädigt bei den Kunden ankommen. Kommst du beim Paketversand um XXL Formate nicht herum, so könntest du über die Anschaffung einer Füllmaterialmaschine nachdenken. Hier bekommst du genormtes Füllmaterial auf einer Rolle und kannst dein Paket auf Knopfdruck auffüllen, ohne dass du per Hand erst Füllmaterial zusammendrücken und in das Paket einlegen musst. Zudem werden von den Anbietern solche Maschinen meist kostenlos zur Verfügung gestellt, wenn du im Gegenzug bei ihnen auch das Füllmaterial bestellst.

- Deine Ein- und Ausgangsrechnungen verarbeiten: Viele Firmen haben in der heutigen Zeit ihr Rechnungswesen noch nicht oder nicht vollständig digitalisiert. Das war vor einigen Jahren vielleicht noch in Ordnung, aber du solltest es direkt von der ersten Rechnung an schon besser machen, sonst musst du diesen Prozess zu einem späteren Zeitpunkt nachholen, was dann je nach Größe deiner Firma, jede Menge Aufwand bedeutet. Dadurch kannst du dir von Anfang an einiges an Briefpapier, Druckertoner und auch Porto sparen, da du im ersten Schritt schon keine Ausgangsrechnungen mehr auf dem Postweg versendest. Zudem ist in Deutschland der elektronische Empfang der Rechnungen zwischen Firmenkunden seit 2025 schon Vorgabe und der Versand der Rechnung wird nach Ablauf einer Karenzzeit ebenfalls zur Pflicht. Nutze diese Vorgabe und mache dich jetzt schon vollständig fit für die digitale Welt, in dem du deine Rechnungen bereits jetzt schon komplett digitalisierst und zwar so, dass du in diesem Prozess rechtskonform unterwegs bist. Es gibt zahlreiche Anbieter auf dem Markt, die tolle Lösungen anbieten und dir gleichzeitig bei einer Betriebsprüfung durch das Finanzamt die Sicherheit geben, dass du nicht angreifbar bist und alle Vorgaben einhältst. In der Regel kannst du mit solchen Lösungen dann auch deinen Steuerberater anbinden, der jede Rechnung, die du hochgeladen hast, direkt aus dem System herunterladen und verbuchen kann. Das spart dir die ganzen lästigen Ordner voller Papierrechnungen, mit denen du sonst zum Steuerberater laufen musst und dein Archiv wird sich über die Platzersparnis ebenfalls freuen.

- Deinen Bestell- und Einkaufsprozess über ausgedruckte Excel Listen bearbeiten und mit physische Lieferscheinen deinen Wareneingang prüfen: Das muss heutzutage auch nicht mehr sein, sich mehrere Listen aus dem System auszudrucken und nebeneinander zu legen, um zu prüfen, was wann bestellt werden muss und welche Produkte evtl. nicht funktionieren und aus dem Sortiment fliegen sollen. Die dafür nötigen Angaben sollte dein Wunschsystem über eine Übersicht im Warenmanagement anzeigen. Dann bekommst du einen einfachen digitalen Überblick ohne Listen, welche Artikel welchen Bestand haben, ab welcher Restmenge sie nachbestellt werden müssen und wie sich die Reklamationsquote dazu entwickelt. Bietet dein System im Standard solche Angaben nicht, solltest du unbedingt darüber nachdenken, solche Funktionen programmieren zu lassen, sofern das machbar ist. Es wird sonst im Einkauf nicht effektiv bestellt, was dich über einen längeren Zeitraum hinweg viel Geld kosten wird. Mit Papierlieferscheinen die Eingangsware zu bearbeiten ist ebenso nicht mehr notwendig, denn die KI bietet in der heutigen Zeit schon tolle Lösungen, mit denen du einen Abgleich der ankommenden Lieferung vollkommen digital und automatisiert bewältigen kannst. Du braucht dazu nur eine entsprechende KI Software und passende Handscanner. Zudem kannst du solche Programme in der Regel an deine Buchhaltung anbinden und damit automatisiert die passenden Rechnungen zu den Lieferscheinen abgleichen lassen und das ganze ohne viel Personalaufwand.

- Deinen Telefondienst digitalisieren: Das klassische Telefon hat ausgedient und sollte in deinem Kundendienst auch keine Rolle mehr spielen. Digitalisiere deinen Telefondienst und arbeite mit Cloudanbietern, die solche Dienste anbieten. Dann telefonierst du über das Internet und nicht mehr über eine klassische Telefonleitung. Du hast hier dann mit entsprechenden Anbietern ganz andere Auswertungsmöglichkeiten und kannst das Verhalten der Kunden am Telefon viel besser verstehen und entsprechend reagieren. Zudem kannst du Telefonate oft auch problemlos an anderen Orten führen, was die Flexibilität erhöht.

- Generelle Arbeitsabläufe optimieren: Schaue dir die bestehenden Arbeitsabläufe in deinem Unternehmen immer wieder genau an und achte darauf, dass sie weiterhin schlank und effizient bleiben. Oft schleichen sich gerne unnötige Details ein, die oft unbemerkt bleiben oder aus Bequemlichkeit entstehen. Nur so stellst du wirklich sicher, dass du hier optimal aufgestellt bist. Das ist auch wichtig, wenn sich Prozesse aufgrund verschiedener Gegebenheiten ändern müssen. Nimm dir hier die Zeit, sie zu hinterfragen und auch entsprechend anzupassen.

- Die Einarbeitungszeit der neuen Mitarbeiter effizient gestalten: Es empfiehlt sich immer dann, wenn neues Personal eingeführt wird, zuvor schon eine digitale Arbeitsplatzbeschreibung zu erstellen, die auch laufend angepasst werden muss. Dadurch hat ein neuer Mitarbeiter direkt eine Arbeitshilfe und kann hier selbstständig nachlesen, was er wie zu machen hat. Das führt dazu, dass er selber schneller eigenständiger handeln kann und bestehendes Personal nicht durch zu viel unnötige Einarbeitungsressourcen gebunden wird.

- Sensible Unterlagen vernichten, die du im Geschäft nicht mehr brauchst und die keiner Aufbewahrungspflicht unterliegen: Auch das ist ein unterschätzter Zeitkiller in vielen Start-up Unternehmen oder auch bei größeren Firmen, die hier noch mit einem klassischen Aktenvernichter arbeiten, um zum Beispiel Lieferscheine oder sonstige Unterlagen, die nach der Bearbeitung nicht mehr gebraucht werden, über einen Aktenschredder zum Zerkleinern unkenntlich gemacht werden. Wenn du davon in der Woche hunderte Blätter vernichten musst, kommt bei dir oder bei deinem Personal einiges an Arbeitszeit zusammen, um das zu erledigen, weil du das Papier nach und nach einlegen musst, sonst verstopft dein Gerät. Die Zeit kannst du sinnvoller in deinem Unternehmen einsetzen. Daher ist es effizienter, wenn du dir zum Beispiel einen Aktenvernichtungsbehälter von einem entsprechenden Dienstleister besorgst. Diesen Behälter muss man nicht kaufen, denn du kannst ihn einfach mieten und man bezahlt dann entsprechend nur die Abholungen und Wiederanlieferungen der geleerten Tonne. Nicht mehr benötigte Dokumente kannst du hier ganz einfach über einen Schlitz einwerfen, was dich nur ein paar Sekunden gegenüber Minuten kostet.

- Meetings- und Sitzungen in deinem Unternehmen effizient gestalten: Wer kennt sie nicht, die stundenlangen Sitzungen mit dem Chef und den Mitarbeitern, die oft keinen Nutzen bringen und dabei wertvolle Ressourcen verschlingen, in denen die Mitarbeiter eigentlich was anderes machen könnten. Halte deine Sitzungen am besten immer effizient und schlank, denn weniger ist hier immer mehr. Mache Sitzungen nur dann, wenn sie auch wirklich unbedingt nötig sind und lade nur die Mitarbeiter dazu ein, die in der Sitzung einen Mehrwert geben oder bekommen und etwas zu den Punkten beitragen können. Begrenze die Redezeit aller Teilnehmer von Anfang an, so kannst du deine Besprechungen in der Länge von Anfang an kurz halten, da sich jeder Mitarbeiter durch die begrenzte Redezeit auf die wichtigen Themen fokussieren muss.

Anhand dieser paar Beispiele wollte ich dir aufzeigen, wie wichtig und auch einfach es ist, von Anfang an die physischen Prozesse und Abläufe in deinem Unternehmen immer wieder zu hinterfragen und wenn es Potenzial gibt, diese auch gleich anzupacken und stetig zu verbessern. Denn das spart dir langfristig gesehen jede Menge Zeit und auch Geld.

Digitale Prozesse: Alle Prozesse, die in deinem Unternehmen schon mit Hilfe von digitalen Anbietern abgewickelt oder unterstützt werden:

- Kundenemails verwalten, lesen und beantworten: Bei nur 10 E-Mails am Tag bekommst du die Kommunikation zu Beginn auch noch mit jedem kostenlosen Standardprogramm gehandelt. Ich empfehle aber auch schon hier darauf zu achten, dass du selbst bei noch wenig Kundenkontakt deine Emailadresse, mit der du an deine Kunden schreibst oder proaktiv auf Kundenfang gehst, mit deinem Onlineshop Domainnamen zu verknüpfen, um eine gewisse Seriosität an die Mailempfänger und Kunden auszustrahlen, sonst wirkt das unter Umständen einfach zu unprofessionell in den Augen der Empfänger. Doch du willst ja eigentlich deutlich mehr Produkte aus deinem Webshop verkaufen und dazu wird auch zwangsläufig die Anzahl der Kundenanfragen und die Kommunikation im Allgemeinen im Kundendienstsupport deutlich ansteigen. Ich empfehle dir daher von Anfang an einen Anbieter einzusetzen, mit dem du deine E-Mails über ein sogenanntes Ticketsystem verwalten kannst. Das gibt dir jederzeit einen perfekten Überblick über die aktuelle Ist-Situation, was noch von dir zu erledigen ist und wo du erst noch auf eine Rückmeldung deiner Kunden wartest. Auch generelle Anfragen zu Produkten sind leichter zu erkennen, da du alle eingehenden Nachrichten priorisieren und sortieren kannst und dadurch zusätzlich auch verhinderst, dass wichtige Anfragen untergehen oder nicht beantwortet werden. Zudem kannst du bei vielen Lösungen deinen Bestellshop mit dem entsprechenden Anbieter koppeln, um eine bessere Effizienz in deinem Workflow zu erreichen. Dadurch werden mit der Kundenanfrage per Email auch direkt die persönlichen Daten aus dem System übertragen, sofern es schon Stammdaten dazu gibt und auch bereits getätigte Bestellungen mit in das Ticketsystem übertragen. Das ermöglicht dir eine enorme Zeitersparnis bei der Bearbeitung der Anfragen, da du nicht erst in deinem Bestellsystem nach dem Kunden oder der betreffenden Bestellung suchen musst. Dadurch kannst du deinen Kundendienst von Anfang an in der Geschwindigkeit optimieren und schlagkräftiger aufstellen. Wenn du später Mitarbeiter hast, die den Kundendienst für dich übernehmen, kannst du mit solchen Programmen zudem alles an Kommunikation überwachen, was ein- und auch ausgeht und dazu auch Auswertungen erstellen, wie viele E-Mails von deinen Mitarbeitern in welcher Zeit und Qualitätsstufe bearbeitet werden. Das ist ideal für zukünftige Mitarbeitergespräche und eine stetige Überwachung der Serviceleistung in diesem Bereich.

- Mangelhafte Pflege der Produktmerkmale bzw. Attribute: Ein Thema, dass ich immer wieder sehe und was zu einem späteren Zeitpunkt, wenn du eine gewisse Größe erreicht hast, zu Problemen in der Logistik und im Versandprozess führen wird. Sobald du die ersten Artikel verkaufst, solltest du in der Stammpflege deiner Produkte von Anfang an darauf achten, dass du ihr Gewicht und die Abmessungen inkl. Verpackung oder auch bei verderblichen Produkten die Haltbarkeitsdaten direkt im System hinterlegst und auch immer auf Abweichungen überprüfst, wenn sich hier etwas ändert. Denn wenn du eines Tages ein großer Player bist, wird dich das Thema nämlich intensiv beschäftigen, da du dich dann mit Waren- und Versandoptimierungen sowie Platzproblemen in der Logistik herumschlagen musst. Doch um hieraus für dich gewinnbringende Erkenntnisse zu bekommen und um deine Lager- und Versandprozesse immer weiter zu optimieren, brauchst du zu diesem Zeitpunkt die Angaben zu deinen Produkten im System. Wenn du in diesem Stadium erst noch alle Produkte mit Abmessungen, Gewicht und/oder Verfallsdatum erfassen musst, wirst du hier neben dem massiven Personalaufwand, um das nachzupflegen, sehr viel Zeit und Geld verlieren, bis du entsprechende Maßnahmen in die Tat umsetzen kannst.

- E-Mail Marketing automatisieren: Nutze für dein E-Mail Marketing von Anfang an einen Anbieter, der dir dabei hilft, den Prozess zu automatisieren. Du musst nur die Vorlage für die E-Mail erstellen und die vorhandenen Adressen in den zukünftigen Verteiler bringen. Dann kannst du in regelmäßigen Abständen Newsletter und Verkaufsangebote automatisiert versenden und auch überwachen, wie viele Kunden sich für welche Werbemail tatsächlich interessieren und wer deine Nachrichten überhaupt anklickt und auch öffnet. Das hilft dir dabei, deine Maßnahmen und die Kampagnen ständig zu verbessern, um zu erreichen, dass mehr Empfänger sich für deine Werbemails interessieren und die Qualität dieser Werbemails ständig zu verbessern.

- Bestellprozess in deinem Webshop überwachen: Hier liegt die Power in deinem Umsatz: Du solltest permanent den Bestellprozess in deinem Shop prüfen und darauf achten, ob alles richtig funktioniert. Das kostet dich zwar etwas Zeit, aber so deckst du relativ schnell und regelmäßig auf, welche Dinge in deinem Shop vielleicht nicht richtig funktionieren. Bleibt das unter Umständen unentdeckt, kann dich das jede Menge Umsatz kosten. Ich empfehle daher in regelmäßigen Abständen Bestellungen in deinem eigenen Webshop durchzuführen, um Schritt für Schritt alle Funktionen zu überwachen. Dazu solltest du die Bestellungen als Gast und auch mit einem Kundenkonto durchführen. Dazu auch alle gängigen Internetbrowser nutzen, die es gibt und auch verschiedene Bestellungen über das Smartphone und auch über den PC oder Laptop ausführen, um wirklich alles an Fehlerpotenzial abzudecken. So werden Probleme im Bestellprozess deutlich schneller sichtbar und du kannst dich sofort darum kümmern, sie zu beheben.

- Artikel in deinen E-Commerce Shop einstellen: Auch hier gibt es Kniffe, um in der Artikelanlage deutlich Zeit zu sparen. Gehen wir davon aus, dass du hundert Artikel schnellstmöglich einstellen willst. Oft werden die Produkte dazu direkt online in das System eingegeben und zwar Punkt für Punkt. Jeden eingegebenen Schritt musst du dazu permanent speichern, damit du keine Daten verlierst. Den gespeicherten Artikel kopierst du dann, um damit den nächsten Artikel anzulegen und zu überschreiben. Irgendwann hast du dann hundert Reiter in deinem Internetbrowser geöffnet und verlierst hier schnell den Überblick, was zu Fehlern in der Artikeleingabe führt. Zudem kann es sein, dass dein Shopsystem langsam ist und du bei der Produktanlage lange Ladezeiten in Kauf nehmen musst, was dich wertvolle Zeit kostet. Ich empfehle diesen Prozess über eine Excel Liste, in welche die neuen Produkte gesammelt erfasst werden, zu beschleunigen. Du kannst hier die Stammdaten zu deinen neuen Produkten in die Liste offline einpflegen, ohne in deinem Shopsystem angemeldet zu sein. Hast du alles erfasst und bist somit fertig, kannst du die Liste mit den 100 Artikeln einfach mit einer Aktion in dein Shopsystem hochladen und hast alle Artikel mit einem Schlag direkt in das System gespielt und das ohne lästige Ladezeiten. Du musst im Anschluss nur noch die Bilder zu den Produkten separat in die Artikel hochladen und schon hast du den Prozess mit deutlicher Zeitersparnis erledigt. Stell dir vor, was passiert, wenn du eines Tages im Monat 1000 Produkte anlegen musst. Die Zeitersparnis hier ist dann enorm, wenn du das von Anfang an richtig machst.

Das waren nur ein paar Ideen aus der Praxis, es gibt noch so viel mehr, was man hier immer wieder optimieren oder ändern kann. Aber du siehst anhand der genannten Beispiele, dass es sich lohnt, auch die digitalen Arbeitsprozesse immer wieder zu überprüfen, um damit wertvolle Zeit zu sparen und deinen Workflow in der Firma immer weiter zu verbessern.

Ich hoffe, dass ich dir mit diesem Kapitel helfen konnte, zu verstehen, wie wichtig es ist, seine Arbeitsschritte immer wieder auf ihre Daseinsberechtigung zu überprüfen. Das gilt selbstverständlich auch für deine eigenen Arbeitsbereiche, die du als Chef selbst ausführst. Das kann für dich im Wettbewerb der entscheidende Vorteil sein, um die Konkurrenz in der Effizienz zu schlagen und bringt dir einen echten Mehrwert in Form von Zeit und Geld.

KAPITEL 4: STRATEGIEN FÜR EINE STARKE UNTERNEHMENSKULTUR - PERSONAL UND CHEF IM EINKLANG

In diesem vierten Kapitel wollen wir uns nun ausschließlich dem Thema Personal und deiner dazugehörigen Vorbildfunktion als Chef widmen. Da du es ohne weitere Mitarbeiter nicht schaffen wirst, dein zukünftiges Wachstum zu stemmen oder deine ehrgeizigen Ziele in der E-Commerce Landschaft zu erreichen, ist es wichtig, alle Perspektiven und Möglichkeiten anzusehen, die du zum Thema Personal hast. Es ist sicherlich unumstritten, dass es in der heutigen Zeit sehr schwierig ist, und auch weiterhin erstmal so bleiben wird, gutes und motiviertes Personal zu finden und dann auch noch im nächsten Schritt bei dir im Unternehmen zu halten. Daher ist es umso wichtiger, jetzt schon die entsprechenden Weichen zu stellen, um auf dem schwierigen Arbeitsmarkt zurechtzukommen und eine für dich passende Personalstrategie zu finden.

Wachstum nur mit Personal?

Ein ganz klares „Ja". Denn du wirst alle gesteckten Ziele an den Nagel hängen können, wenn du denkst, dass du alles immer alleine machen kannst und auf niemanden angewiesen bist. Es ist als Inhaber und Geschäftsführer aber sicherlich in der Startphase deines Online - Business wichtig, sich erstmal selber in allen Bereichen vorzutasten und richtig gut auszukennen, um dort ein kompetentes Fachwissen aufzubauen, denn nur so kannst du später auch die richtigen Entscheidungen dazu treffen. Das funktioniert tatsächlich in der Startphase nur durch intensives „Learning by Doing" am Arbeitsplatz und auch einige Fehler machen, gehört für einen zukünftigen Chef mit dazu. Das bedeutet aber, dass du tatsächlich überall an der Front bist und aktiv mitarbeitest, um die Prozesse zu verstehen und Probleme zu erkennen, die es gilt, zu verbessern. Egal, ob du im Lager beim Ware heraussuchen mitmachst, beim Verpacken und Frankieren deiner Bestellungen hilfst, im Kundendienst die eingehenden E-Mails oder Chats der Kunden beantwortest und auch Telefonanrufe entgegennimmst, im Einkauf beim Suchen, Bestellen und Einstellen deiner neuen Produkte aktiv bist. Auch die Pflege des Onlineshops, Social Media Themen, das Onlinemarketing und auch das oft so unbeliebte Rechnungswesen, sind wichtig für dich und müssen von dir gelernt und verstanden werden. Lohnabrechnungen zu erstellen, diese dann auch zu bezahlen und Abrechnungen für das Finanzamt und andere Behörden zu erstellen, sind ebenfalls wichtige Arbeitsschritte, die man als Geschäftsführer kennen muss, denn Steuern sind immer Chefsache. Doch dir sollte klar sein, dass du nach den ersten Wachstumsschüben schnell an deine Grenzen kommst und Mitspieler brauchst, die dich in diesen ganzen Prozessen entlasten und dir dabei helfen, dein Imperium weiter aufzubauen. Wir wollen uns dazu einige Pros und Contras zum Thema Mitarbeiter etwas genauer anschauen:

Pro:

- Neue Mitarbeiter ermöglichen dir ein schnelleres Wachstum und eine Entlastung für dich, damit du dich in der Zukunft mehr auf die strategische Entwicklung konzentrieren kannst und dadurch nicht mehr überall in der Firma operativ mitarbeiten musst.

- Du bist mit zusätzlichem Personal in der Lage, wichtige Fachabteilungen mit Kernkompetenzen aufzubauen und zu etablieren.

- Du kannst nicht vorhandenes Fachwissen durch neue Mitarbeiter in die Firma „einkaufen". Diese Fachpersonen wiederum können Wissen an andere Mitarbeiter weitergeben. Dadurch hast du einen positiven Dominoeffekt bei deinem Personal.

- Zusätzliches Personal kann dafür sorgen, dass du in der Öffentlichkeit ein anderes Standing bekommst. Denn es ist ein Unterschied in der Wahrnehmung von außenstehenden Personen oder auch potenziellen Geschäftspartnern, ob du einen 3 Mann Betrieb führst oder eine Firma mit 40 Mitarbeitern aufgebaut hast.

- Neue Mitarbeiter können einen „frischen Wind" und positive Stimmung in das Unternehmen bringen und auch neue Ansichten zu Themen eröffnen, in denen du vielleicht schon eine zu festgefahrene Meinung hast.

- Oft kann man relativ schnell über den eigenen Freundes- oder Bekanntenkreis das erste passende Personal finden, was Zeit, Geld und Ressourcen schont. Da man diese Personen aus dem Privatleben in der Regel schon etwas besser kennt, geht man unter Umständen weniger Risiko ein, als bei einer fremden Person, die man fachlich und menschlich noch gar nicht einschätzen kann.

Pro Zusammenfassung:

Wenn du große Pläne mit deinem E-Commerce Unternehmen hast, musst du Personal einstellen, sofern der

Umsatz da ist. Denn nur so kannst du dein Wachstum vorantreiben, gewisse Volumen überhaupt erst bewältigen und geballtes Fachwissen in eigenen Abteilungen aufbauen und auch bündeln. Es ist überaus wichtig, dass deine Abteilungen im späteren Prozess auch ohne deine aktive operative Zuarbeit eigenständig funktionieren und die bestehenden Mitarbeiter in den Abteilungen dann die neuen Ankömmlinge richtig einlernen und in die Struktur integrieren. Ist das abgeschlossen, wird man später dann nur noch an dich berichten oder benötigte Zustimmungen zu wichtigen Entscheidungen bei dir einholen. Wenn du im engen Kreis die ersten Mitarbeiter findest, kann das am Anfang für dich ein Vorteil sein und dir langwieriges Suchen von Personal im ersten Schritt ersparen. Konzentriere dich am Anfang beim Einstellen auf die Bereiche in deiner Firma, die du in deinen Augen als erstes abgeben und vernachlässigen kannst, weil dort das Niveau der Einarbeitung nicht ganz so hoch ist. Halte aber die wichtigen Prozesse erstmal unter eigener Kontrolle. So kannst du Schritt für Schritt vorgehen und mit jedem neuen Mitarbeiter immer mehr deiner Arbeit abgeben.

Mein Tipp:
Ich würde im ersten Schritt, auch um deine wahrscheinlich angespannten Finanzen zu schonen, niemals die wichtigsten Bereiche der Firma an neues Personal abgeben. Das sind für mich die Bereiche des Controllings, der Webshop, der Einkauf, das Marketing mit Social Media, dem Personal und der Kundendienst. Denn diese Bereiche musst du in der Startphase deines Unternehmens erstmal selber richtig „spüren" und daher ist das in meinen Augen immer erstmal Chefsache, hier den Daumen drauf zu haben. Zudem müssen diese Stellen später mit Top Leuten besetzt werden, damit gute Expertise in dein Unternehmen kommt, was aber nicht ganz billig wird. Du kannst gerne in manchen Bereichen Agenturen oder externe Berater hinzuziehen, die dich unterstützen, aber du bist aktiv dabei und kannst alle

Vorgänge selbst überwachen. Konzentriere dich bei den ersten Einstellungen auf die Bereiche Lager, Retouren und Bestandswesen, sofern du das auch wirklich bei dir im Geschäft selber machst, denn dort ist die Einarbeitung und das Einstellungsniveau nicht so intensiv, als in den anderen Bereichen. Allerdings wirst du ab einer gewissen Größe deiner Firma das Niveau der Stellen deutlich anheben und daher umdenken müssen. Hier reicht Motivation alleine dann als Einstellungskriterium wie am Anfang nicht mehr aus, da es dann in der Regel auch um sehr viel Geld und Wissen in deinem Unternehmen geht. Besonders die Bereiche Marketing, Personal und Recht, Controlling und IT sind davon betroffen und müssen später, wenn deine Firma eine relevante Größe auf dem Markt erreicht hat und du dir das auch leisten kannst, von Top Leuten besetzt werden.

Contra:

- Zusätzliches Personal verursacht im ersten Schritt nur Kosten, die du zuerst einmal über Umsätze gesichert einnehmen musst.

- Die Einarbeitungszeit für neue Mitarbeiter ist zeitintensiv und frisst dir zu Beginn wichtige Ressourcen, die eigentlich für andere Aufgaben gedacht ist.

- Die richtigen Mitarbeiter zu finden, bedeutet einen langen Bewerbungs- und Einstellungsprozess zu bestreiten, was zusätzlich Zeit und Geld kostet und der Ausgang ist immer ungewiss.

- Mitarbeiter haben Urlaub, können krank werden und auch wieder kündigen. Du musst ein entsprechendes Setup aufbauen, um diese Fehlzeiten oder Abgänge dann schnell zu kompensieren.

- Es kann schnell zu zwischenmenschlichen Problemen unter den Mitarbeitenden kommen, was die Arbeitsatmosphäre schnell schädigen kann, wenn du nicht reagierst.

Contra Zusammenfassung:

Jeder neue Mitarbeiter, sofern du nicht über deinen Freundeskreis rekrutieren und einstellen kannst, muss über einen langen Bewerbungsprozess erst einmal gefunden werden, was in der Suchphase einiges an Zeit und Geld kostet, denn du musst die Stellenanzeigen dafür schreiben und die eingehende Bewerbungen sichten, Absagen schreiben und Gespräche führen oder dafür eine Agentur beauftragen, die das gegen Honorar macht. Hast du jemanden gefunden und eingestellt, muss das neue Personal erstmal finanziert und bezahlt werden und über deine eingehenden Umsätze gedeckt sein, sonst legst du ganz schnell drauf. Ein neuer Mitarbeiter ist also finanziell gesehen in der ersten Zeit erstmal ein Minusgeschäft für dich. Die Einarbeitungszeit richtig zu gestalten, ist aber enorm wichtig, denn wenn das nicht ordentlich gemacht wird, arbeitet dein neues Personal in den Prozessen unter Umständen falsch, was teuer werden kann und auch Kundenzufriedenheit zerstört. Daher sind die ersten Einarbeitungen mit neuen Mitarbeitern immer Chefsache und für dich sehr zeitintensiv. Du wirst in deinen Entscheidungen am Anfang nicht immer richtig liegen und daher wird es nicht ausbleiben, dass man sich von eingestellten Mitarbeitern wieder trennen muss oder diese auch von sich aus wieder gehen, das gehört einfach mit zur Wahrheit. Sei dir daher am Anfang deiner Sache nicht zu sicher, dass du einen Volltreffer gelandet hast, denn neues Personal muss sich erst im Arbeitsalltag beweisen und das wird eine ganze Weile dauern. Auch Freunde zu rekrutieren birgt immer ein gewisses Risiko für Ärger, da privates Zusammensein in der Freizeit und gemeinsame Arbeitszeit am Anfang oft nicht wirklich getrennt werden. Das kann zwischenmenschlich Probleme bei euch verursachen, wenn du und dein Mitarbeiter hier nicht die gleiche Einstellung zu dem Thema haben.

Mein Tipp:
Wenn du dich wirklich entscheidest, jemanden aus deinem privaten Umfeld einzustellen, den du schon besser kennst, dann rede mit der Person ganz offen und ehrlich vor der Einstellung, damit von Anfang an für euch beide auch wirklich klar ist, das du der Chef in der Firma bist, der die Entscheidungen trifft und das Arbeit und Privat nicht dasselbe sind und beides auch nie verschmelzen sollte. Achte drauf, dass die Einstellung der Person auch zu deinem Unternehmen und deiner Vorstellung von Arbeitspower passt und du klarstellst, was die Anforderungen und Vorgaben von dir sind. Denn nur weil ihr euch privat gut versteht und in der Freizeit viel Spaß miteinander habt, bedeutet nicht, dass jemand die gleiche Arbeitseinstellung und beruflichen Ziele im Leben hat wie du. Das beugt Missverständnissen und Problemen vor, die sonst auf eure private Beziehung massive negative Auswirkungen haben können, bis hin zu einer Kündigung und damit einer Zerstörung eurer privaten Freundschaft. Ziehe die Eigenschaften Ehrgeiz, Power, Ehrlichkeit und Loyalität als Einstellungskriterium bei den ersten Einstellungen immer vor, vor allem zu Beginn eines solchen Unternehmerabenteuers, denn Fachwissen kann man sich nachgelagert immer aufbauen und einkaufen. Ehrlichkeit, Ehrgeiz und Loyalität sind leider nicht käuflich, sondern eine Grundeinstellung von Menschen, die du nicht so einfach auf der Straße findest.

Fachkompetenz vs. Motivation

Wie im Abschnitt davor schon erwähnt, ist es ein Irrglaube, dass du am Anfang nur Leute einstellen sollst, die bereits Fachwissen für deine Branche mitbringen. Ich kann dir aus eigener Erfahrungen sagen, dass es zu Beginn viel wichtiger ist, Leute um sich zu haben, auf die du dich immer verlassen kannst, die dabei voll motiviert und lernwillig sind und sich auch bereit erklären, mit dir bis ans Ende der Welt zu gehen. Wenn sie dann auch noch gleich zu Beginn wichtiges Fachwissen mitbringen: Glückwunsch, dann hast du einen Jackpot.

Denn in einer Startphase ist alles noch etwas holprig, die Prozesse sind nicht perfekt und jeder macht irgendwie gefühlt alles im Betrieb, was eine spannende Phase in der Entwicklung darstellt. Daher brauchst du hier ein Umfeld aus Zuverlässigkeit, Lernbereitschaft und Leidenschaft. Das ist das Rückgrat, dass du zwingend haben musst, um die nächste Stufe zu zünden und weiter zu wachsen und zwar zusammen mit denen, auf die du dich in deinem Betrieb immer verlassen kannst.

Mitarbeiterbindung als Wettbewerbsvorteil

Wir haben in den Zeilen davor gelernt, was am Anfang wirklich zählt, um im ersten Schritt das richtige Personal einzustellen. Die Bindung an deine Firma ist in jedem Setup immer gleich wichtig. Egal, ob du eine vertrauenswürdige Person aus deinem eigenen Umfeld eingestellt hast oder eine fremde Person, die du noch nicht kennst. Die Bindung an dein Unternehmen ist das, was immer das finale Ziel für dich als Chef sein sollte. Doch wie schafft du das? Hier ein paar Tipps für den Start:

- Baue unbedingt von Anfang an ein familiäres Arbeitsklima auf, damit die Leute morgens gerne zur Arbeit kommen. Nur so wirst du es schaffen, das man für dich die Extrameile läuft, ohne dabei ständig auf die Uhr zu schauen.

- Behandele deine Mitarbeiter immer wie Menschen und nicht wie Sklaven. Auch wenn du sie natürlich eingestellt hast, damit sie für dich ihre Arbeit verrichten, sollten man ein Gefühl von Anstand, Respekt und Anerkennung in die Arbeitsatmosphäre einbringen. Das zahlt sich aus, denn du möchtest ja erreichen, dass die Leute ihren Job ernst nehmen und es ihnen nicht egal ist, was sie jeden Tag bei dir verrichten.

- Belohne finanziell nur dort, wo außerordentliche Leistung wirklich erbracht wird und nicht da, wo nur ein Standard oder weniger erfüllt wird. Merke dir: Mit Geld änderst du keine Menschen in ihrer Grundeinstellung, da Arbeitsleistung immer eine Grundeinstellungssache des Menschen ist. Denn ein Mensch mit schlampiger Arbeitsweise wird durch mehr Geld nicht zu einem Musterschüler in Form eines Ordnungsfreaks und ein schon von vornherein ordentlich strukturierter Mensch wird sich nicht in einen Chaoten verwandeln.

- Trenne dich immer von negativer Einstellung und schlechter Stimmung in der Firma in Form von Mitarbeitern und das relativ schnell. Deine loyalen Mitarbeiter werden es dir danken und an deiner Seite bleiben, wenn du sie von energiefressenden Mitarbeitern befreist. Ansonsten riskierst du, dass gute Leute gehen, weil sie das nicht mehr ertragen können.

- Sei ein verlässlicher Entscheider, auf dessen Aussage man sich immer verlassen kann. Mitarbeiter hassen nichts mehr wie Chefs in Form von Fahnen im Wind. Das sorgt sonst nur für Unsicherheit und Unwohlsein in deinem Betrieb. Wenn du ständig deine Meinung änderst, wird man dich eines Tages nicht mehr ernst nehmen und dafür eher belächeln, weil du dich dadurch eher als Amateur ohne Rückgrat zu erkennen gibst.

- Interessiere dich für gemeinsame Freizeit mit deinen Leuten. Das ist gerade am Anfang einer Firmengründung äußerst wichtig. Lade sie zum Essen ein, spendiere ihnen einen Drink und gib eine kleine Aufmerksamkeit, wenn ihr wieder eine wichtige Zielmarke gerissen habt. Ein gemeinsamer Betriebsausflug bindet das gesamte Team und stärkt so eure gemeinsame Einstellung und Arbeitsleistung.

- Führe direkt am Anfang einen Nichtkrankheitsbonus ein, der kann wirklich ein Wunder bewirken. Denn Mitarbeiter die belohnt und geschätzt werden, dass sie immer da sind, werden das zu schätzen wissen und weiterhin niemals fehlen. Jemand der sonst wegen „Kopfschmerzen" gerne mal einen Tag „Auszeit" nimmt, wird sich das dann auch sicher nochmal überlegen.

- Habt ihr ein gutes Jahr erzielt, freut sich jeder Mitarbeiter über einen Bonus zu seinem Lohn, wenn das finanziell drin ist. Das motiviert und zeigt, dass du es schätzt, was für dich geleistet wurde.

Was zeichnet nun einen guten Chef am Anfang wirklich aus und wie erzeugt man eine starke Unternehmenskultur?

Zunächst einmal wollen wir definieren, was ein Chef ist. Ein Chef ist jemand, der Entscheidungen von ganz oben trifft und dafür auch gerade stehen muss und mit seinen Entscheidungen zu leben hat, egal ob sie richtig oder falsch sind. Dabei spielt es keine Rolle, ob er 5 oder 5000 Mitarbeiter zu verantworten hat. Oft wird auch der Titel Geschäftsführer oder im Englischen die eher elegante Bezeichnung CEO genutzt, was übersetzt „Chief Executive Officer" bedeutet. Das bedeutet konkret, dass er die oberste Instanz ist und die gesamte strategische Verantwortung der Unternehmensentwicklung zu tragen hat. Er hat im Betrieb in der Regel das letzte Wort und koordiniert in großen Unternehmen über seine untergeordneten Abteilungsleiter die Aufgaben, welche dann von diesen umgesetzt werden müssen. Gibt es weitere Geschäftsführer in einem Unternehmen, so ist er hier als CEO das höchste Organ der gesamten Geschäftsführergruppe und koordiniert in der Regel die

Teilbereiche der anderen Geschäftsführer mit, die wiederum an ihn Bericht erstatten.

Doch davon sind wir hier noch weit entfernt. Deine Rolle wird sich am Anfang neben der Unternehmensstrategie auch auf die operativen Themen konzentrieren, da sich deine Firma ja erst im Anfangsstadium befindet und positiv entwickeln muss und du dazu noch keine große Anzahl an Mitarbeitern befehligst. Das bedeutet, dass du am Anfang an der Front arbeitest, um deine Sinne und Fähigkeiten zu schärfen, die es später braucht, um wichtige Entscheidungen zum Wohle deiner Firma zu treffen. Ein Start-up Chef zu sein, bedeutet aber auch, Fehler zu machen und daraus zu lernen und besser zu werden. Es ist eine Reise in die eigene Persönlichkeit und sie hilft dir dabei, dich selbst besser zu verstehen, dich zu verbessern und dich auch aus einer anderen Perspektive kennenzulernen. Deine Funktion als CEO wird sich im Laufe der Zeit auch deutlich verändern, von einer am Anfang mehr operativen Ausrichtung hin zu einer eher strategischen Rolle im späteren Entwicklungsstadium deiner Firma.

Was macht nun einen guten Chef aus? Es gibt hier kein Geheimrezept, aber einige Eigenschaften, die man von Anfang an haben sollte, um bei deinen Mitarbeiten ein entsprechendes Standing zu haben sind enorm wichtig:

- Als guter Chef in einer Startup Phase bist du immer als erstes in der Firma und machst die Lichter als letztes aus.

- Du zeigst viel Präsenz und glänzt nicht durch Abwesenheit oder viele Urlaubsreisen.

- Du verlangst von deinen Mitarbeitern an Leistung nur das, was du selber auch leisten kannst. Alles andere lässt dich unglaubwürdig erscheinen.

- Klare Anweisungen sind Pflicht. Deine Mitarbeiter müssen immer genau wissen, was du von ihnen willst und was sie für dich erfüllen sollen. Die richtige Kommunikation ist also wichtig.

- Du zeigst Entscheidungsstärke und änderst nicht dauernd deine Meinung. Dadurch gibst du deinem Personal die Sicherheit, dass sie sich immer auf dich verlassen können.

- Zu Fehlern stehen gehört auch dazu, das lässt Mitarbeiter spüren, dass du dein Ego unter Kontrolle hast und auch du als Chef bereit bist, dich weiterzuentwickeln und aus deinen Fehlern zu lernen.

- Du kannst mit Fachwissen punkten, denn Wissen ist Macht. Deine Mitarbeiter werden sich immer an die Person im Unternehmen wenden, die das meiste Wissen hat. In einer Startup Phase als Onlinehändler solltest du unbedingt diese Person sein.

- Führe regelmäßige Feedback Gespräche mit deinen Leuten. In der Anfangsphase ist das unbezahlbar und wichtig, damit du spürst, was die Probleme sind und deine Mitarbeiter wissen, wo sie in der Leistungsbewertung in deinen Augen stehen.

- Zeig dich auch mal spendabel, das freut das kleine Team mit Sicherheit.

- Nimm deine Leute mit auf die Reise und sei transparent bei den Umsatzzielen. Denn nur wenn deine Mitarbeiter wissen, für was sie sich täglich den Hintern aufreißen, werden sie es auch weiterhin gerne für dich tun.

- Spare nicht mit dem Loben, wenn etwas besonders gut gemacht wurde. Das kostet dich außer ein paar netten Worten nicht wirklich viel, hinterlässt aber eine große Wirkung bei deinen Angestellten.

- Gib deinen Mitarbeitern die Möglichkeit, sofern das Interesse da ist, sich auf deine Kosten weiterzubilden. Das hilft dir bei dem Aufbau der Kompetenz, die du im späteren Stadium deines Unternehmens unbedingt benötigst.

- Gib deinen Mitarbeitern in den Feedbackgesprächen auch die Möglichkeit, dich oder Prozesse zu kritisieren. Denn wenn du nicht offen für Verbesserungen bist, kannst du dein Unternehmen nicht in eine erfolgreiche Zukunft führen.

- Ein guter Chef scheut sich nicht davor, auch die unangenehmen Dinge anzupacken und sich ihnen zu stellen. Dazu gehören beispielsweise Kündigungen oder auch schwierige Kritikgespräche. Wenn du wirklich Chef sein willst, dann musst du dich auch mit diesen Dingen befassen.

Das waren nun ein paar Beispiele, mit denen man sich als guten Chef präsentieren kann und gleichzeitig die Mitarbeiter an sich bindet. Und dadurch baut man sich auch ganz nebenbei eine starke Unternehmenskultur auf, die auch nachhaltig funktionieren kann. Denn nur wenn alle die gleichen Werte teilen, wirst du es schaffen, alle mit auf die E-Commerce Reise zu nehmen

KAPITEL 5:
DER MASTERPLAN FÜR DIE ZUKUNFT? - WARUM ER SO WICHTIG IST

In den vorangegangenen Kapiteln haben wir uns damit beschäftigt, welche Schritte am Anfang wichtig sind, um dein Unternehmen in allen Phasen der Gründung richtig zu positionieren und welches Mindset dafür nötig ist, um erfolgreich zu sein. Hast du dann deine Hausaufgaben gemacht und mit deiner geplanten Strategie und dem richtigen Sortiment einen Volltreffer in der Onlinewelt gelandet - Glückwunsch: Du gehörst jetzt zu den Gewinnern der Branche und wirst hoffentlich weiterhin Wachstum haben und mit deinem E-Commerce Unternehmen einer positiven Zukunft entgegenblicken. Doch irgendwann sollte man sich Gedanken über „das was noch kommt" machen und seine eigenen Pläne für die nächsten Jahre hinterfragen. Und in diesem Zusammenhang wird es eine ganz entscheidende Frage geben, die auf dich zukommt:

Soll ich meine Firma irgendwann verkaufen oder nicht?

Und wenn du jetzt vielleicht denkst: „Warum soll ich mich denn in so einer frühen Phase schon mit dem Thema Verkauf beschäftigen?", dann lass dir gesagt sein, dass es extrem wichtig ist, sich bereits in den ersten Jahren der Selbstständigkeit mit genau diesem Thema zu beschäftigen. Denn nur so kannst du einen Masterplan entwickeln und die Weichen für dich so legen, dass du an dein gewünschtes Ziel kommst. Denn es macht vom Setup her definitiv einen Unterschied, ob du deine Firma irgendwann verkaufen willst oder nicht. Sich dafür oder dagegen zu entscheiden, kann viele Gründe haben. Vielleicht möchtest du ja gerne erstmal Geld vom Tisch nehmen, um damit vielleicht etwas anderes neu aufzubauen oder mit dem Verkauf dein restliches Leben genießen. Unter Umständen kommt aber ein Verkauf für dich nicht in Frage, weil es dein Lebenswerk ist, dass du vielleicht später an deine Nachfahren oder an jemand Drittes übergeben möchtest. Oder es ist dir einfach wichtig, dass dein E-Commerce Unternehmen in deinem Namen und in deinem Sinne weitergeführt wird, was durch einen Verkauf reichlich schwierig wird. Auch kann es einfach sein, dass du dir ohne deine Firma kein anderes Leben mehr vorstellen kannst, sowohl privat als auch geschäftlich und es sich dadurch zu deinem einzigen Lebensziel entwickelt hat. Je früher du hier Licht ins Dunkel bringen kannst, desto eher kannst du dein Unternehmen entsprechend in die richtige Richtung lenken. Gehen wir zunächst mal auf die Punkte ein, die bei einer solchen Entscheidungsfindung wichtig sind und von dir bei der Überlegung berücksichtigt werden sollten:

- Die Altersthematik: Es macht definitiv einen Unterschied, ob du in den Gründungsjahren deines E-Commerce Unternehmens erst Anfang 20 oder 30 Jahre alt bist oder bereits die magischen 40 oder 50 Jahre überschritten hast. Ein junger Unternehmer wird sich in der Regel noch nicht dazu entschließen, seine Firma in dieser Lebensphase zu verkaufen, wenn es profitabel geführt wird. Was bei einer Person mit 40 oder 50 Jahren sicher etwas anders aussehen kann. Vereinheitlichen kann man das allerdings nicht, da es auch andere gegenteilige Beispiele dazu gibt. Denn es gibt durchaus auch junge Start-up Gründer, die ihre Firma dennoch verkaufen, um dann mit dem daraus gewonnenen Erlös ein neues Unternehmen zu gründen und damit nochmal durchzustarten. Wiederum kann sich auch ein älterer Unternehmer dazu entschließen, nicht zu verkaufen, einfach weil ihm die Arbeit Spaß macht oder er andere Gründe für seine Entscheidung hat. Egal, welche Ansichten du dazu hast, mach dir unbedingt Gedanken darüber, wie dein Leben für dich in der Zukunft verlaufen soll. Denn einen Onlineshop zu betreiben, der gute Umsätze fährt, bedeutet auch viel Stress für dich und dein Umfeld mit wenig Schlaf, wenig Freizeit und Urlaub, sowie jede Menge interne Probleme, die du Tag für Tag in deinem Job zu bewältigen hast. Das kostet enorm viel Kraft und Energie, die du natürlich in jungen Jahren in der Regel deutlich besser weg steckst, als wenn du die 40 oder 50 Jahre bereits schon überschritten hast. Vielleicht möchtest du ja aber auch das spätere Leben für dich ganz anders gestalten oder einfach mehr Freizeit haben, in der du deinen Hobbies nachgehen kannst. Wenn du noch jung bist, kann ich nur sagen, mach weiter so und bringe deine Firma an die Spitze, denn es ist ein einzigartiges Gefühl, wenn man diesen Schritt erreicht hat und eine einmalige Chance, die man so im Leben wahrscheinlich kein zweites Mal bekommen wird.

- Die Familie und das private Umfeld: Hast du einen tollen Freundeskreis, mit dem du durch Dick und Dünn gehst oder sogar schon eine eigene Familie oder möchtest du später gerne eine eigene Familie gründen? Oder ist dir das Ganze nicht so wichtig, und du gehst lieber alleine durch das Leben? Das ist eine wichtige Frage, da deine Entscheidung auf dieses Thema einen enormen Einfluss haben wird. Ich hatte das im ersten Kapitel schon kurz erwähnt:

Wenn du tolle Freunde oder eine Familie hast oder erst später gerne eine Familie mit Kindern gründen willst, so werden sie zwangsläufig auch unter deinem Arbeitspensum leiden und in Mitleidenschaft gezogen. Das kann gut gehen, funktioniert aber leider nicht immer. Denn Beziehungen, Freundschaften oder auch eine Ehe können an deinem harten Arbeitsalltag oft verzweifeln, was auch einen Bruch mit schwerwiegenden Folgen nach sich ziehen kann. Denn beides in Einklang zu bringen, lässt sich oft nur schwer miteinander vereinbaren. Dazu braucht es einen starken Partner oder auch einen Freundeskreis, der dich immer dabei unterstützt und es dir nicht wirklich übel nimmt, wenn du nur wenig bis keine Freizeit für dein enges Umfeld aufbringen kannst. Denk auch dran, dass du vielleicht einmal Kinder hast, die dann froh darüber sein werden, wenn du Zeit mit ihnen verbringst. Und vergiss nicht: Egal ob du Mutter oder Vater bist, Kinder sind nur einmal klein und diese Zeit wirst du nicht nochmal zurückbekommen.

- Der Wert des Geldes: Oft ist das der wichtigste Punkt in einer Entscheidung für oder gegen einen Verkauf der Firma in der Zukunft. Damit solltest du dich unbedingt beschäftigen und herausfinden, welchen Stellenwert Geld für dich im Leben wirklich hat. Ist es für dich ein sehr wichtiges Thema oder ist es dir letztlich egal, wie viel Geld du auf der privaten Seite hast? Möchtest du dich und evtl. deine zukünftige Familie lieber für ein kommendes Leben absichern, dir privat etwas aufbauen und auch geliebte Hobbies damit finanzieren oder gar verreisen? Oder lebst du privat lieber spartanisch und du möchtest jeden verdienten Euro wieder in die Firma investieren, um zu sehen, wie die Firma die nächsten Jahrzehnte weiter wächst? Vielleicht hast du ja auch ein großes Herz und spendest viel von deinem Vermögen im Rahmen der Gemeinnützigkeit. Du solltest dir hier klar vor Augen führen, was du später wirklich willst. Mit Geld kann man sich zwar viele materielle Dinge kaufen und es lässt sich sicherlich deutlich entspannter damit leben, jedoch kannst du damit kein privates Glück und auch keine Gesundheit finanzieren. Ich empfehle dir daher, das Thema Geld wirklich erst an die vierte Stelle zu setzen, wenn du dich mit dem Thema Alter, Gesundheit und auch dem privaten Umfeld auseinander gesetzt hast. Denn was bringt dir dein Geld, wenn du später einsam oder schwer angeschlagen bist und niemanden an deiner Seite hast, mit dem du es zusammen ausgeben oder genießen kannst? Auf der anderen Seite kann das Thema Geld auch negative Seiten haben. Dazu gehe ich unten in einem anderen Punkt darauf ein.

- Das Thema der Selbstverwirklichung: Es gibt einige E-Commerce Unternehmer, die ihre Entscheidung nicht aus den davor genannten Gründen getroffen haben, sondern einzig und allein entschieden haben, ihre Firma nicht zu verkaufen, weil sie das Thema der eigenen Selbstverwirklichung über alles stellen. Das ist eine rein ideologische Entscheidung und vielen Menschen auch sehr wichtig. Gerade die etwas ältere Generation an Unternehmern in dieser Branche neigt hier öfters dazu, diesen Punkt aufzuführen, um sich gegen einen Verkauf zu entscheiden, weil sie in ihren Augen für sich etwas einzigartiges geschaffen haben, das sie ungern oder gar nicht mehr los lassen wollen.

- Die eigene Verantwortung gegenüber dem Personal: Auch wenn du es dir nicht vorstellen kannst, aber viele Unternehmer verkaufen ihre Firma tatsächlich deswegen nicht, weil sie anführen, dass sie eine Verantwortung gegenüber den Beschäftigten haben und durch einen Nichtverkauf verhindern wollen, dass es danach für die Mitarbeiter in eine ungewisse Zukunft oder in eine Verschlechterung des Arbeitsumfeldes geht. Das ist besonders oft der Fall, wenn es eine tiefe Bindung zwischen dem Chef und den engsten Mitarbeitern gibt. Das ist oft ein Thema, wenn Angestellte von der ersten Stunde an im Unternehmen arbeiten und dadurch für den Chef zu einer Art „zweiten Familie" im Betrieb geworden sind.

- Das Thema Gesundheit: Für mich der wichtigste Punkt einer Entscheidung, über einen Verkauf nachzudenken oder sich dagegen zu entscheiden. Wenn es dir gesundheitlich, aus welchen Gründen auch immer, nicht mehr so gut geht, dann verkaufe deine Firma unbedingt, auch wenn dir dieser Gedanke vielleicht noch etwas schwer fällt. Doch was bringt es dir wirklich, wenn du von deinem kurzen Leben nichts gehabt hast, was wirklich wichtig ist? Genieße die Zeit mit wichtigen Menschen, die dir nahe stehen und versuche deine Gesundheit zu retten oder zu verbessern, wenn du die Möglichkeit dazu hast. Deine Firma wird auch ohne dich weiterleben, denn niemand von uns weiß wirklich, wie viel restliche Lebenszeit uns noch bleibt. Bist du hingegen in der Blüte deines Lebens und voller Energie, dann stellt sich in meinen Augen die Frage eines Verkaufs noch nicht, sofern du bei den anderen Punkten auch auf das gleiche Ergebnis kommst.

- Die Problematik der angespannten finanziellen Situation im Unternehmen: Der letzte und leider traurigste Punkt, um über einen Verkauf nachzudenken. Oft stehen Firmen in finanzieller Schieflage, die Banken geben keine weiteren Kredite mehr und die Zukunft für alle Beteiligten ist ungewiss. Hier kommt oft nur ein schneller Notverkauf, der auch ein Teilverkauf sein kann, in Frage. Dadurch kommt dann die dringend benötigte Liquidität ins Unternehmen und sorgt dafür, dass man nicht in eine bevorstehende Insolvenz rutscht. Ich hoffe für dich, dass dir diese Erfahrung erspart bleibt.

Jetzt haben wir uns die wichtigsten Punkte angeschaut, aus deren Sicht du dir Gedanken machen solltest, wie es für dich in der Zukunft weitergeht. Egal, ob du dir später einen Verkauf vorstellen kannst oder nicht, mir war es hier einfach besonders wichtig, nicht nur die positiven Dinge, sondern auch einige negative Ereignisse aufzuführen, die passieren können, da diese leider oft im „Erfolgsrausch" des Wachstums vergessen und nicht berücksichtigt werden.

Nun wollen wir uns anschauen, welche Hebel und Entscheidungen wichtig sind, um mit deiner Entscheidung dein E-Commerce Unternehmen in die richtige Position zu bringen.

Solange du dir einen Verkauf nicht vorstellen kannst, solltest du mit deinem Erfolgskonzept so weiter machen, wie bisher, denn es gilt: Never Change a Running System" Es gibt kein generelles Geheimrezept, wie eine Firma hier zu führen ist. Das kommt immer auf dein Sortiment, deine Strategie und deine Struktur an. Es gibt aber sicher einige wichtige Punkte, auf die man achten sollte:

1. Besetze die wichtigen und relevanten Stellen in deinem Betrieb immer mit Top Leuten, sobald du es dir finanziell leisten kannst. Dadurch machst du dich etwas Freier vom operativen Geschäft und kannst dich als Geschäftsführer mehr um die Strategie in deinem Unternehmen kümmern. Trenne dich aber unbedingt von den Low-Performern, da du mit ihnen nicht in der Zukunft rechnen kannst und da-

durch Unmut im ganzen Team entstehen kann, was im schlimmsten Fall dazu führt, dass Top Leute dein Unternehmen verlassen.

2. Achte darauf, dass es deinen Mitarbeitern immer gut geht und habe immer ein Ohr für sie. Bezahle sie dabei immer fair und honoriere außerordentliche Leistung. Nur so werden sie weiterhin mit dir an Bord bleiben und da du ja an deiner Firma festhalten willst, brauchst du diese loyalen und langjährigen Mitarbeiter, die das Unternehmen kennen und alle Abläufe im Betrieb beherrschen. Sie können dann wiederum ihr Wissen und die Firmen DNA an die neuen Mitarbeiter weitergeben.

3. Richte dein Unternehmen nicht nur auf Gewinne aus. Sicherlich sollst du profitabel sein, aber nicht um jeden Preis. Nimm einen Teil deiner Gewinne und investiere clever kräftig in Personal, Marketing, Infrastruktur und Produkte, damit du mit dem wachsenden Konkurrenzdruck und den permanenten Neuerungen im Markt ständig mithalten kannst. Nur so kannst du dich im umkämpften Markt behaupten und mit straffen Strukturen an der Spitze bleiben.

4. Überlege dir vielleicht, einen Stellvertreter oder einen weiteren Geschäftsführer einzustellen. So kannst du gleich zwei Fliegen mit einer Klappe schlagen, sofern du das wirklich willst: Du musst so deine Firma nicht verkaufen, kannst dich aber trotzdem aus dem operativen und strategischen Geschäft etwas zurückziehen und die freie Zeit auch anders genießen. Das funktioniert aber nur, wenn du eine gute Einarbeitung als Chef hinlegst und der zukünftigen Person wirklich das Vertrauen über die Verantwortung deines Unternehmens schenkst. Auf der anderen Seite kannst du auch nur Teilbereiche abgeben, so dass sich dein Verantwortungsbereich

halbiert. Das kann je nach Strategie auch eine interessante Überlegung für dich sein.

5. Investiere immer in ordentliche Weiterbildungen deiner Mitarbeiter, damit sie immer auf aktuellem Wissensstand der Zeit sind. Das ist unverzichtbar, wenn du eine Firma unter Umständen in die nächste Generation bringen willst.

6. Pflege immer gute Beziehungen zu deinen Handelspartnern, egal in welchem Bereich. Du wirst sie brauchen, um weiterhin gute Konditionen und gewisse Extras zu bekommen. Nur mit einem guten Miteinander und Verhandlungen auf Augenhöhe lässt sich über Jahrzehnte hinweg eine gute Zusammenarbeit zwischen euch aufbauen.

7. Halte die Qualität deiner Produkte hoch und verzichte auf eine schlechte nur des Geldes wegen. Das kostet dich im Einkauf zwar etwas mehr, aber Qualität wird sich zwangsläufig neben dem Preis und dem Vertrauen in den Onlineshop immer durchsetzen. Mit schlechter Qualität wirst du keine hohe Kundenzufriedenheit erreichen und das kostet dich auf Dauer treue Kunden und deutlich mehr an Umsatz.

8. Investiere in gute Marketingkampagnen, sowohl auf den Social Media Plattformen als auch im Performance Marketing allgemein. Es ist unheimlich wichtig, dass du überall mit deinen Produkten wahrgenommen wirst und sich deine Wiedererkennung deutlich erhöht.

Das waren hier einige der wichtigsten Punkte, um dein E-Commerce Unternehmen langfristig erfolgreich aufzustellen. Schauen wir uns nun an, was es braucht, wenn du an einen späteren Verkauf in den nächsten Jahren denkst: Denn ein Firmenverkauf ist langwierig und braucht Zeit. Du kannst in der Regel vom ersten

Schritt bis zu einem Exit mit einem Jahr rechnen. Diese Zeit solltest du später einkalkulieren, da es nicht ganz einfach ist, in dieser Zeit das operative und strategische Geschäft ohne Ablenkung fortzuführen.

1. Die Bewertung deiner Firma wird in der Regel auf deinen EBITDA erfolgen. Das bedeutet, dass du hoch profitabel sein musst, um einen guten Kurs beim Verkauf zu erzielen. Achte in den Jahren davor schon darauf, dass du hier die Zahlen im Griff hast und diese in die richtige Richtung gehen. Gib kein Geld im Unternehmen für unnötige Dinge aus, bereichere dich nicht privat an deiner Firma und verzichte so gut wie möglich auf teure Geschäftsautos, da diese immer wieder zu Diskussionen führen.

2. KPIs sind ein Muss und diese sind auch vorzuweisen. Wir haben sie in einem anderen Kapitel schon besprochen. Generell solltest du die wichtigsten Kennzahlen in deinem Unternehmen sowieso schon kennen und auch im Griff haben. Du musst sie aber für einen Verkauf auch über längere Zeit schriftlich dokumentieren, damit man die Entwicklung nachvollziehen kann. Es bringt dir bei einem ersten Verkaufsgespräch nichts, wenn du diese Zahlen nur im Kopf hast. Ein potenzieller Käufer will die Zahlen im Rahmen einer Dokumentation vor sich sehen.

3. Baue ein Top Management neben dir auf, was auf eigenen Füssen steht und dir Verantwortung und Kompetenzen abnimmt. Sonst wird man dir vorwerfen, dass die Firma nur mit deinem Kopf funktioniert und ohne dich nichts wert ist. Das kann dich einiges an Bewertung kosten. Ein Käufer will sehen, dass ein Unternehmen auch ohne dich auf eigenen Beinen stehen kann. Denn schließlich willst du ja nach einem Verkauf irgendwann auch aus dem Unternehmen gehen. Das wird aber ohne Top Manage-

ment, das alles im Griff hat, nicht funktionieren oder brutale Preisabschläge bei der Bewertung mit sich bringen.

4. Achte auf Compliance Regeln in deinem Betrieb. Das ist wichtig und richtig, damit Missbrauch von Daten, Macht und Arbeitsabläufen bei deinen Mitarbeitern ausgeschlossen ist, auch wenn du deinem Personal vertraust. Ein Käufer wird sich das genauer anschauen, um das Risiko für sich zu bewerten.

5. Prüfe deine Finanzen intensiv und gehe nochmal alles durch, bevor du an einen Verkauf denkst. Dabei kann dir auch ein externer Berater helfen. Denn mit diesen Zahlen gehst du in das Rennen und es wäre fatal, wenn sich bei der Prüfung durch einen Interessenten herausstellt, dass deine Zahlen aus irgendwelchen Gründen nicht korrekt sind.

6. Versuche alle juristischen Streitigkeiten zu beenden, bevor du verkaufen willst. Es ist Gift für jeden Käufer, wenn du noch Rechtsstreitigkeiten offen hast. Egal, ob es Personalthemen sind oder Streit mit Geschäftspartnern, Kunden oder gar Behörden. In der Regel wirst du eine Firma mit offenen Streitfällen, je nachdem wie schwerwiegend sie sind, fast nicht verkaufen können. Daher ist es wichtig zu versuchen, alle Probleme die hier noch bestehen, zu lösen. Du solltest auch keine Steuer- oder Sozialversicherungsschulden mehr offen haben, das lässt dich sonst nicht wirklich gut als Unternehmer aussehen.

7. Der erste Eindruck zählt: Achte darauf, wenn du das erste mal von einem potenziellen Käufer in deinem Betrieb besucht wirst, das alles ordentlich und sauber ist. Denn so wie er deine Räumlichkeiten vorfindet, so wird er deine Einstellung und Arbeitsweise einschätzen. Daher ist es hier wichtig, dass alles in

einem Top Zustand ist und du Sauberkeit vorweisen kannst.

8. Achte auf eine Vollständigkeit deiner Verträge. Alle Verträge die du abgeschlossen hast und die noch laufen, wird sich ein potenzieller Käufer anschauen. Dazu zählen auch Arbeitsverträge, Mietverträge, Verträge mit Lieferanten und Dienstleistern und vieles mehr. Achte in frühen Jahren deiner Selbstständigkeit schon darauf, dass diese immer aktuell sind und du sie für jeden Fall digital abgespeichert hast.

9. Ein potenzieller Firmenverkauf ist immer ein sensibles Thema für deine Mitarbeiter und die engen Geschäftspartner. Es kann hier im Vorfeld schnell massive Unruhe entstehen, wenn das öffentlich wird. Halte es daher am besten solange geheim, bis es tatsächlich spruchreif ist, sonst kann es dir passieren, dass manche Mitarbeiter schon alleine aus Angst kündigen, weil sie nicht wissen, was danach mit ihnen passiert. Und das gilt es unbedingt zu verhindern.

10. Baue einen Burggraben mit deinem E-Commerce Unternehmen auf. Dein Brand sollte einzigartig sein, genauso wie die Kombination aus einzigartigen Produkten und einer besonderen Strategie im Markt, die dich zu etwas Besonderem macht. Dann können dich Konkurrenten nicht einfach 1:1 kopieren und du wirst für einen potenziellen Käufer als Zukauf deutlich interessanter. Denn es gibt nichts schlimmeres als einer von vielen zu sein. Warum sollte dich dann jemand kaufen wollen?

11. Führe einen ESG Report ein, da immer mehr potenzielle Käufer, vor allem wenn es Privat Equity Unternehmen sind, darauf Wert legen, dass die zukünftigen Assets, die gekauft werden, ihre Hausaufgaben in diesem Bereich bereits gemacht haben. Dazu ist

es ideal, wenn du bereits mindestens 2 Jahre vor einem Verkauf einen ESG - Jahresbericht vorweisen kannst. ESG bedeutet abgekürzt: Environmental, Social und Governance, und damit zeigst du auf, wie nachhaltig und ethisch dein Unternehmen operiert und welche Maßnahmen dafür in Planung sind oder bereits umgesetzt wurden. Da das Thema ESG für viele Käufer einen immer wichtigeren Stellenwert hat, kann es bereits in der Vorauswahl dazu kommen, dass man sich potenzielle Unternehmen ohne entsprechendes Regelwerk erst gar nicht genauer anschauen wird.

12. Beim Marketing solltest du im Social Media Bereich deutlich aggressiver vorgehen, als wenn du die Firma nicht verkaufen willst. Das hat den Grund, dass du einen Verkaufszeitpunkt nicht genau planen kannst. Auf der anderen Seite machst du dich durch eine deutlich potentere Marketingstrategie schneller bemerkbar auf dem Markt und so kann ein potenzieller Käufer vielleicht von alleine auf dich aufmerksam werden, ohne das du einen Broker dazwischenschalten musst.

13. Signalisiere deinen Banken, mit denen du arbeitest, dass du in den nächsten Jahren unter Umständen verkaufen willst. Je nach Größe der Bank, sind die diese oft mit einem guten Netzwerk ausgestattet, um dir vielleicht bei der Suche nach einem Käufer zu helfen. Für die Bank ist das deswegen interessant, weil sie so vielleicht die Finanzierung zum Kauf für den Käufer bereitstellen können.

14. Überlege dir schon Jahre vor dem Verkauf, ob es nicht Sinn macht, deine Firma in eine Holdingstruktur zu überführen. Die Holding kann eine weitere Personen- oder Kapitalgesellschaft sein oder auch eine Stiftung. Eine Holding ist in der Regel nicht ope-

rativ tätig, sondern hält nur Anteile an anderen Vermögensgegenständen wie Firmen und Immobilien. Das hat enorme Vorteile, wenn du das aus steuerlicher Sicht betrachtest. Denn wenn du deine Anteile später privat verkaufst, bezahlst du deutlich mehr Steuern beim Verkauf, als wenn die Anteile einem Firmenkonstrukt gehören. Lasse dich dazu unbedingt zeitnah von einem Anwalt oder Steuerberater beraten, da so eine Planung viel Zeit in Anspruch nimmt. Wenn du das Geld aber sowieso ausgeben willst, bringt dir so ein Konstrukt nicht wirklich viel. Es ist eher dafür gedacht, wenn du aus dem Verkaufserlös weitere Investitionen tätigen willst. Dann kannst du hier massiv Steuern sparen, die du wiederum später in andere Targets investieren kannst.

Ich hoffe, dass ich dir mit diesem Kapitel dabei helfen konnte, schon etwas weiter zu denken, als du heute bisher vielleicht gedacht hast und du damit eine Entscheidungshilfe hast, wie du dich in der Zukunft mit deinem Unternehmen aufstellen willst. Im nächsten und letzten Kapitel gehen wir auf die Risiken ein, die dich als E-Commerce Unternehmer jederzeit treffen können und welche Maßnahmen du hier vorbeugend umsetzen kannst, um dein persönliches Risiko als Unternehmer zu senken.

KAPITEL 6:
DIE GRÖßTEN GEFAHREN FÜR DICH UND DEINEN ONLINEHANDEL, DIE DU KENNEN SOLLTEST

In den Kapiteln 1-5 haben wir uns nun alle wichtigen Punkte und Prozesse angeschaut, die für dein E-Commerce Startup und dein Mindset in der ersten Phase wichtig sind und die dir dabei helfen können, dich jetzt schon richtig zu positionieren, um weiteres Wachstum für deine Zukunft zu generieren. Und so schön sich das bisher vielleicht auch gelesen hat, müssen wir im letzten Kapitel gemeinsam auch auf die Risiken eingehen, die für dich als Firmeninhaber und Geschäftsführer entstehen können und welche Folgen daraus resultieren. Zudem gibt es Themen, für die du rechtlich geradestehen musst und auch strafrechtlich haftbar gemacht werden kannst. Das kann vor allem zu Beginn deiner Tätigkeit bei niedriger Liquidität verheerend sein und zu einem finanziellen Desaster werden. Leider werden diese Risiken sehr oft zu Beginn vernachlässigt und nicht miteinbezogen.

Doch was ist hier genau gemeint?

Cyberangriffe, Ransomware, Phishing, Datenlecke und Datenverluste: Du hast sicher schon mal davon gehört, wenn Firmen in der Vergangenheit einer sogenannten DDoS Attacke (Distributed Denial-of-Service oder auf Deutsch „Etwas außer Betrieb setzen") ausgeliefert waren und dann auch noch erpresst wurden. Um das kurz zu erklären: Bei so einer Attacke wird der Angreifer immer versuchen, eine Seite lahm zu legen, indem er sie mit massiven Bots und einem unnatürlich hohen Volumen an Datenverkehr überzieht und dadurch in die Knie zwingt. Es ist nicht unüblich, das sich der Angreifer anschließend als Erpresser zu erkennen gibt und dann Geld verlangt. Im Gegenzug bietet er oft an, nach der Zahlung mit der Attacke aufzuhören. Doch wäre das nicht schon schlimm genug, werden dabei oft auch wichtige Daten zerstört oder direkt gestohlen, wenn der Angreifer beispielsweise durch eine Lücke im System an die Daten gelangen kann. Stell dir dieses Beispiel nun für deinen eigenen Onlineshop vor: Von einer Sekunde auf die andere ist dein Webshop nicht mehr erreichbar, du kannst keinen Umsatz mehr machen und verlierst mit jeder Minute bares Geld. Das kann so weit reichen, dass du faktisch Pleite bist, wenn so ein Angriff länger dauert. Doch damit nicht genug, du hast auch Pflichten, je nach Ausmaß bist du gegenüber dem Bundesamt für Sicherheit in der Informationstechnik (BSI) meldepflichtig. Ähnliches gilt bei Ransomware. Nur hier ist es so, dass sich Dritte unbefugt über Schwachstellen in deinem System einen Zugang zu deinen Daten verschaffen und diese dann „kapern" oder „entführen". Das bedeutet, dass sie nicht durch den Eindringling zerstört werden, sondern du keinen Zugriff mehr auf die Daten hast, da der Erpresser diese selbst verschlüsselt. Der Erpresser wird Geld verlangen, damit er sie wieder an dich herausgibt. Phishing-E-Mails sind auch ein Risikofaktor, vor allem bei unerfahrenen Mitarbeitern, die sich damit nicht auskennen und dann auf gefälschte Emails hereinfallen und über einen Klick auf die Links in den Mails auf falsche Seiten geleitet werden, um dort Zugangsdaten oder sensible Daten einzugeben.

Menschliches Versagen: Datenverluste und Schäden daraus können aber auch auf einem ganz anderen Weg passieren, der oft vergessen wird. Denn oft sind sie gar nicht beabsichtigt und passieren durch einfache menschliche Fehler in den eigenen Reihen. Ein Klassiker ist hier die Programmierabteilung oder der zuständige Dienstleister für die Weiterentwicklung deines Shops. Denn durch eine kleine Unachtsamkeit in der Programmierungsarbeit, können unter Umständen ganze Datenbanken zerstört werden und deinen Shop lahmlegen.

In allen Fällen, die vorkommen können, kann auch ein Imageverlust für dich die Folge sein. Die betroffenen Kunden werden im World Wide Web schlecht über deinen Shop berichten, denn dafür gibt es unzählige Portale. Als Folge werden andere potenzielle Kunden ihn dann meiden und das kann für dich das sichere Aus in der Zukunft bedeuten.

Mein Tipp hier:
Bist du Opfer einer solchen Attacke: Niemals eine Erpressungsforderung bezahlen, denn woher weißt du, das der Angreifer dann wirklich aufhört? Oft wird danach noch mehr Geld verlangt. Gehe unbedingt zur Polizei und mache eine Anzeige und erfülle deine Meldepflichten bei den Behörden. Zusätzlich gibt es gute Tools auf dem Markt, die in diesem Bereich helfen können, das Risiko einer gewollten Attacke signifikant zu mindern. Sichere von Anfang an deine hochsensiblen Datenbanken ordentlich ab, damit du im Notfall ein Backup der Daten hast. Und nicht zu vergessen: Es gibt Versicherungen für solche Fälle, die in so einem Fall einen großen Teil deiner Umsätze abdecken und somit dein finanzielles Risiko schmälern. Damit lässt es sich als frisch gebackener Unternehmer garantiert besser schlafen. Als Vorbeugung für solche Fälle sind zudem regelmäßige

Schulungen für dich und das Personal in diesem sensiblen Bereich extrem wichtig.

Rechtliche Risiken: Auch das ist ein Punkt, den man oft am Anfang nicht auf dem Schirm hat. Wir gehen hier mal auf die 3 wichtigsten Themen ein, die man aus meiner Sicht unbedingt wissen sollte.

- Potenzielle Risiken der DSGVO (Datenschutzgrundverordnung der EU): Du bist hier haftbar, wenn du gegen klare Datenschutzregeln verstößt. Das Regelwerk ist umfassend, es drohen hohe Geldstrafen bis hin zu Freiheitsstrafen, daher nennen wir hier nur ein paar klassische Beispiele, die sehr oft vorkommen und unterschätzt werden:

1. Die Datenschutzerklärung auf deiner Webseite ist fehlerhaft und/oder es ist kein zuständiger Datenschutzbeauftragter genannt.

2. Du verarbeitest personenbezogene Daten deiner Kunden für Werbezwecke, obwohl diese zuvor widersprochen haben.

3. Du gibst personenbezogene Daten ausversehen oder bewusst an Dritte weiter, die nicht befugt sind, diese Daten zu bekommen.

4. Auch ein fehlendes oder fehlerhaftes Impressum stellt einen Verstoß gegen den Datenschutz und das Wettbewerbsrecht da.

   In jedem Fall bist du immer nachweispflichtig, alles dafür getan zu haben, um so etwas zu verhindern und musst damit auch beweisen, dass du unschuldig bist. Als Inhaber oder Geschäftsführer liegt somit jeder Prozess in deinem Unternehmen final in deiner Verantwortung, selbst wenn ein Mitarbeiter oder ein externer Dienstleister den Fehler gemacht hat.

Mein Tipp:
Achte von Beginn an auf klare Strukturen und Vorgaben nicht nur für dich, sondern auch für deine Mitarbeiter und Dienstleister. Führe zudem gleich sichere Kontrollprozesse ein, die solche Fehler nicht zulassen. Auch wenn man am Anfang euphorisch ist und einfach nur verkaufen will, sind es genau diese Dinge, die später umso wichtiger sind, aber dann in einem gewachsenen Umfeld nur noch mit Mehraufwand und extrem hohen Kosten umzusetzen sind. Bist du unsicher, ob deine Datenschutzerklärung, das Impressum und sonstige Angaben auf deiner Seite rechtssicher sind, nimm das Geld in die Hand und beauftrage einen Anwalt mit der Überprüfung. Das ist gut investiertes Geld, sonst kann es zu teuren Abmahnungen kommen, die dich weitaus mehr kosten werden.

- Produkthaftung: Hier haben sich die Vorgaben zum Ende des Jahres 2024 in der neuen Produktsicherheitsverordnung nochmals massiv zu deinen Ungunsten verschärft. Der Umfang ist enorm und unübersichtlich. Es gibt viele Kennzeichnungspflichten und Vorgaben, welche von dir einzuhalten sind, die auch deinen Webshop und die Produkte von dir betreffen. Doch was ist eine Produkthaftung? Hier geht es darum, wenn deine von dir verkauften Produkte Schäden an Sachen oder Menschen anrichten, aber nicht an dem verkauften Produkt selbst. Anhand eines Beispiels kannst du das besser verstehen: Du verkaufst ein Steckdosenladegerät und beim Käufer entsteht bei Nutzung durch einen Defekt am Ladegerät ein Brand der entweder ein Loch in den Teppichboden oder in die Tapete an der Wand brennt oder beim Einstecken in die Steckdose verletzt sich der Käufer an der Hand. Wir haben also einmal einen Sachschaden am verbrannten Teppich oder an der Wandtapete und einen Personenschaden an der verletzten Hand. In beiden Fällen durch das bei dir gekaufte Ladegerät entstanden. Du musst unter Umständen für den Schaden aufkommen, da du auch als Importeur eines Produkts als Hersteller gelten kannst. Wenn du selbst der Hersteller bist, haftest du sowieso. Es gibt hier eine kleine Ausnahme: Wenn die bei dir gekauften Produkte vom Käufer geschäftlich genutzt werden, entfällt die reine Sachschadenhaftung, nicht aber die Personenschadenhaftung. So ein Vorfall kann auch eine weitere unangenehme Folge mit sich bringen: Eine massive Produkt-Rückrufaktion, wie du sie sicher schon selbst aus den Medien mitbekommen hast. Zu so einer Aktion kannst du auch verpflichtet werden. In Folge musst du alle Kunden anschreiben, die das identische Produkt bei dir bereits gekauft haben. Die Folgen aus so einer Aktion können massive Retouren, Rückzahlungsforderungen und evtl. auch ein Imageverlust für deinen Webshop bedeuten.

Mein Tipp:
Beschäftige dich unbedingt und intensiv mit der Produkthaftung und den neuen Gesetzen dazu oder lass dich dazu von einem Anwalt beraten. Spreche mit deinen Bezugsquellen über solche Themen, lasse deine Produkte vorher auf Sicherheit und Zulassung für Deutschland prüfen und achte dabei stets auf eine CE-Kennzeichnung und eine vorhandene EU-Konformitätserklärung, die du vorzeigen kannst. Denn mit der CE-Kennzeichnung wird die Einhaltung der EU-Vorgaben zu Sicherheit, Gesundheit, Umweltverträglichkeit und Energieeffizienz bestätigt. Für deine Kunden also ein wichtiges Sicherheitssiegel beim Kauf des Produkts. Als letzten Punkt macht es sicher Sinn, über eine entsprechende Versicherung nachzudenken, um dich damit etwas weniger finanziellem Risiko auszusetzen.

- Vertragsstreitigkeiten: Auch dafür solltest du eine entsprechende Rechtschutzversicherung unbedingt abschließen, da solche Probleme in so gut wie jedem Bereich entstehen können, wo Verträge zwischen 2 Firmen oder Personen geschlossen werden. Ob es nun die klassischen arbeitsrechtlichen Themen mit Mitarbeitern sind oder mit typischen Auftragsdienstleistern wie zum Beispiel Sendungszustellern oder auch deinen Lieferanten, Herstellern und Bezugsquellen. So gut wie jeder E-Commerce Händler hatte solche Probleme und Diskussionen schon.

Mein Tipp:
Lass alle Verträge, die du mit anderen abschließen möchtest, vorher unbedingt rechtlich überprüfen. Denn nur was korrekt und rechtssicher schriftlich vereinbart wurde, kann nachher auch Grundlage für einen kommenden Rechtsstreit sein. Wenn du nur auf mündliche Zusagen oder vage schriftliche Formulierungen setzen willst, ist die Beweislast schwierig und das wird dich dann unter Umständen teuer zu stehen kommen. Bei einer ordentlichen und genauen Vertragsgestaltung ist beiden Seiten klar, worauf sie sich einlassen. Ich empfehle zudem, direkt zu Beginn einer Zusammenarbeit mit potentiellen Dienstleister in den Klauseln nur mit verkürzten Vertragslängen oder Kündigungsfristen zu arbeiten, so dass du auch schnell wieder raus kommst, wenn du unzufrieden bist. Denn ein guter und seriöser Anbieter braucht dich nicht gleich für 2 Jahre an seinen Vertrag zu binden, denn wenn er wirklich gut ist, wirst du sowieso bei ihm bleiben.

Operative Risiken: Hier wollen wir die 3 wichtigsten Risiken zu Beginn einmal gemeinsam durchleuchten:

- Warenbeschaffung: Was ist, wenn dein Lieferant nicht oder nicht mehr liefern kann oder die Qualität nachlässt? Hast du einen Lieferanten oder Hersteller als Ersatz zur Verfügung? Wie wichtig das Thema Beschaffung und Ware ist, hat man zu Beginn gar nicht auf dem Schirm. Du kannst dich sicher noch an die Coronazeit erinnern, in der es viele

Güter fast gar nicht mehr zu kaufen gab. Das kann dich und dein Produktsortiment durch viele Szenarien auch betreffen und auch Qualitätsschwankungen beim selben Hersteller kommen heute immer häufiger vor.

- Mitarbeiterausfälle: Auch das ist in der heutigen Zeit ein Thema, mit dem man sich intensiv beschäftigten muss. Wenn du deinen Shop alleine betreibst, bleibst du davon erstmal verschont. Doch was ist, wenn du selbst einmal krank bist oder auch einmal Urlaub machen willst und niemand sonst da ist, der für dich übernimmt? In der Regel wirst du Personal einstellen müssen, wenn du Wachstum hast, ansonsten kannst du das Wachstum nicht stemmen oder keinen Wachstum generieren. Und nun stehst du mit eigenem Personal selbst vor der Herausforderung, dass dir das nicht um die Ohren fliegt, denn die Mitarbeiter werden auch mal Krank, haben Urlaub oder kündigen unter Umständen wieder ihren Job bei dir. Und wer übernimmt die Arbeit dann in diesen Zeiten?

Mein Tipp:
Setze direkt von Anfang an bei den zukünftigen Mitarbeitern immer auf eine Top Einstellung statt auf Quantität. Es bringt dir einfach nichts, wenn du 10 Low-Performer angestellt hast, deren Arbeit aber genauso von nur 4 Mitarbeitern, die deutlich besser sind, gemacht werden kann. Das kannst du aber nur erreichen, wenn deine Strukturen immer einfach, straff und effizient gestaltet sind. Oft wird zu Beginn und aus Gründen der Einfachheit auch im privaten Freundes- und Verwandtenkreis neues Personal rekrutiert und das birgt gewisse Risiken, die man wissen muss. Du solltest in so einem Fall unbedingt mit der betroffenen Person vor der Einstellung reden und auch klarstellen, dass für euch privates Zusammensein und geschäftliche Zeit nicht dasselbe sind und beides unbedingt getrennt werden muss. Tust du das nicht, riskierst du zusätzliche zwischenmenschliche Probleme und Diskussionen, die dann auch ganze Freundschaften vernichten können, denn das habe ich selbst schmerzhaft am eigenen Leib erfahren müssen. Daher muss das Einstellen von nahen Bekannten, Freunden oder auch Verwandten immer gut durchdacht sein, weil es eben auch die Schattenseiten gibt. Verzichte zudem immer auf unnötige Prozesse in deiner Firma, die alles in die Länge ziehen und die Fehleranfälligkeit bei deinen Mitarbeitern begünstigen. Halte alles immer so schlank und effektiv wie möglich. Ideal ist es, wenn alle Mitarbeiter zu Beginn so eingelernt werden, dass sie alle den gleichen Wissenstand bekommen und die Arbeitsabläufe der gesamten Struktur in der Firma beherrschen, denn damit kannst du auch bei kurzfristigen Kündigungen oder langen Krankheitsfällen die Ausfälle einfacher kompensieren, bis Ersatz da ist. Wenn du hier alles richtig machst, wirst du effizienter deine Ziele er-

reichen und das Ganze mit deutlich weniger Nervenverlust und Personalaufwand verbuchen können. Was am Anfang für deinen Cashflow super wichtig ist. Wird deine Firma später grösser, musst du anfangen, richtige Abteilungen mit Spezialisten aufzubauen, die sich gegenseitig vertreten. In einem kleinen E-Commerce Unternehmen zu Beginn, sollte zwar jeder Mitarbeiter auf jeden Fall seinen eigenen Fokus und Teilbereich haben, aber dennoch von A-Z alles im operativen Geschäft beherrschen, um dich in Krisenzeiten hier in allen Bereichen zu unterstützen.

- Technische Herausforderungen mit deiner Infrastruktur und dem Webshop: Auch wenn du wahrscheinlich am Anfang noch ein etwas überschaubareres Setup zu managen und überwachen hast, solltest du auch hier gleich deine Hausaufgaben machen und darauf achten, dass du ideal aufgestellt bist und richtig investierst.

Mein Tipp:
Mach dich von Anfang an Papierlos in der Firma, dann brauchst du weniger Drucker und Papier. Dennoch sind Investitionen in bereitstehende Ersatz-PCs und Drucker, genug Büromaterial, ordentliche Wartungsverträge mit schnellem Ersatz für wichtige Maschinen, ein gutes Webshop Hosting mit schneller Reaktionszeit im Ernstfall und die Absicherung deiner Daten mit Serviceverträgen inkl. Notfallnummern ein Muss. Denke auch an einen Notfallplan bei einem Strom- oder Systemausfall, wenn nichts mehr geht.

Finanzielle Risiken: Auch darauf solltest du immer vorbereitet sein. Als Inhaber eines neuen E-Commerce Start-Up kannst du deine Kosten zwar ca. schätzen, aber genau planen lässt sich das zu Beginn nicht, vom geplanten Umsatz ganz zu schweigen. Anhand von 4 Beispielen wollen wir uns das genauer ansehen:

- Systemausfall: Auf so ein Szenario sind wir zu Beginn des Kapitels schon genauer eingegangen.

Wenn kein Umsatz mehr durch einen Systemausfall in deine Kasse kommt, die Kosten aber weiter laufen, ist es wichtig, dass du ein finanzielles Polster oder einen guten Cashflow hast. Ist das nicht vorhanden, solltest du mit deiner Bank im Vorfeld über das Szenario sprechen und mit ihr für diesen Fall Vorkehrungen treffen, um über ein kurzfristiges Darlehen oder einen Kontokorrentkredit schnell und unkompliziert zusätzliche Mittel zu bekommen, die dich über Wasser halten, bis alles wieder läuft. Das Darlehen kannst du natürlich auch aus anderen Kreisen beziehen. Wichtig ist nur, dass du das im Vorfeld klärst, da es im Ernstfall schnell und unkompliziert gehen muss. Selbst wenn du eine dazu passende Versicherung abgeschlossen hast, die dir hier hilft, dauert es eine gewisse Zeit, bis du mit einer Zahlung rechnen kannst.

- Unerwartete Kosten: Es gibt unzählige Situationen, in denen plötzlich massive Geldforderungen oder Kosten auf dich einprasseln können. Steuernachforderungen vom Finanzamt oder auch Anwaltskosten sind hier ein Klassiker. Denn es reicht schon, wenn du von einer Partei verklagt wirst und du dich mit einem teuren Anwalt dagegen wehren musst. Auch für solche Fälle solltest du neben einer Rechtschutzversicherung auch ein gewisses Polster an Liquidität zur Verfügung haben oder wie im Beispiel oben dran, mit deiner Bank dazu einen Notfallplan erarbeiten, denn bei einer Steuernachzahlung beispielsweise, kennt das Finanzamt keine Gnade.

- Liquiditätsengpässe: Aus den beiden oben genannten Beispielen kann auch zusätzlich ein Engpass deiner finanziellen Mittel entstehen, wenn sich Umsatz und Kosten im falschen Verhältnis zueinander entwickeln, was manchmal ziemlich schnell passiert. Aber auch wenn du beispielsweise eine einmalige Chance für einen leckeren Großeinkauf für deine Produktpalette machen möchtest, weil sich eine Chance bietet und dir dafür dann leider gerade die finanziellen Mittel fehlen. Hier können Warenkredite kurzzeitig helfen. Bedenke aber, dass sie vom Zinssatz her sehr teuer sind und damit deinen Schnäppchenkauf schnell teuer werden lassen.

- Ist bzw. Soll Besteuerung deiner Umsätze: Ein Fehlerklassiker in vielen Firmen, sehr oft werden hier nämlich die Zahlungen falsch verbucht. Achte von Anfang darauf, dass du deine Umsätze richtig buchst und somit korrekt versteuerst. Sonst droht Ärger bei der Betriebsprüfung und unter Umständen Nachzahlungsforderungen. Denn bei der Ist-Besteuerung bezahlst du die MWST deiner gestellten Rechnung an das Finanzamt erst dann, wenn das Geld der Rechnung wirklich bei dir eingegangen ist. Bei der Soll-Besteuerung musst du die MWST der Rechnung schon mit der Rechnungsstellung an das Finanzamt abführen, auch wenn der Kunde noch nicht bezahlt hat. Die Ist-Besteuerung hilft dir also bei der Liquidität enorm, ist aber nur bis zu einer gewissen Umsatzgrenze erlaubt.

Versicherungstechnische Risiken: Wie sicherst du dich in der Startphase mit Versicherungen ab, damit du und dein E-Commerce Unternehmen hier optimal geschützt seid?

Die Frage nach der richtigen Absicherungsstrategie höre ich immer wieder. Aber was ist hier in der Gründungs- und Startphase wirklich wichtig und was brauche ich nicht? Du kannst natürlich 100 verschiedene Versicherungen abschließen, ein Haufen Geld aus dem Fenster werfen, nur damit es dir seelisch besser geht. Aber ist das zielführend? Die Frage kann man eindeutig mit „Nein" beantworten. Du brauchst zum Beginn deiner Startup Phase wirklich nur wenige Versicherungen, die dafür aber umso wichtiger sind, damit du hier von Anfang an einen idealen Schutz hast. Sonst kann es schnell zur Katastrophe werden.

1. Eine Produkthaftpflichtversicherung

2. Die Betriebshaftpflichtversicherung

3. Eine Cyber-Versicherung für deinen Webshop

4. Die Rechtschutzversicherung für alle Streitigkeiten rund um deinen Betrieb

5. Eine Private Krankenversicherung, sofern du nicht gesetzlich versichert bist

6. Eine Sach- und Inhaltsversicherung für dein Inventar, die Betriebseinrichtung inkl. deiner Maschinen und Produkte

7. Eine Inhaberausfallversicherung

Nun sind wir am Ende angelangt. Es war mir eine Freude, dich mit meinen Kapiteln auf die Reise durch die spannende Welt des E-Commerce zu begleiten. Ich hoffe, dass du als Anfänger dadurch jetzt die fehlenden Fragen beantwortet bekommen hast und ich dir ein besseres Bild vermitteln konnte, was wirklich wichtig ist, um ein E-Commerce Startup zu planen, es dann auch zu gründen und erfolgreich zu betreiben. Es braucht einfach nur etwas Mut für den ersten Schritt und einen klaren Fahrplan.

Ich übergebe nun an meinen Co-Autor Robin Schütt, der dir die Welt der E-Commerce Versicherungen näher bringen wird. Auch wenn Versicherungen für dich auf den ersten Blick langweilig klingen und keinen Spaß machen, sind sie wichtig und immer Chefsache. Robin wird es schaffen, dich dafür zu begeistern und dir eine andere Sichtweise zu vermitteln, um die Branche insgesamt besser zu verstehen.

Viel Spaß dabei

Teil 2 – Versicherungen: Dein Schutzschild im Unternehmer-Dschungel

So, einmal tief durchatmen... Wir haben die erste Etappe erfolgreich hinter uns gebracht! Dein E-Commerce-Unternehmen hat inzwischen ein solides Fundament und du weißt, worauf es beim Aufbau ankommt. Jetzt wird's Zeit, das Ganze auch dauerhaft zu sichern. Keine Sorge: Ich habe mir ordentlich Mühe gegeben, dich vor dem gefürchteten „Versicherungs-Blabla-Koma" zu bewahren.

In diesem zweiten Teil tauchen wir gemeinsam in die Welt der Versicherungen ab. Vielleicht klingt das erstmal trocken – aber hey, ein Fallschirmsprung klingt auch anstrengend, bevor man ihn macht. Und wenn du erst einmal begriffen hast, wie entscheidend eine richtige Absicherung für deine Firma ist, wirst du merken, dass es ziemlich spannend (und vor allem überlebenswichtig) sein kann.

Wozu das Ganze überhaupt?

In der Unternehmenswelt lauern zahlreiche Fallstricke: Ein falsch produziertes Produkt, eine versehentliche Urheberrechtsverletzung, Hackerangriffe, Wasserschäden, Lieferengpässe – die Liste ist endlos. Als Unternehmer ist es nicht deine Aufgabe, dich in einen Panzer zu hüllen und jeden Tag in Angst zu leben, sondern klug vorzusorgen und weiter nach vorne zu denken.

Was erwartet dich in Teil 2?

- **Einleitung in die Versicherungs-Grundlagen:** Welche Policen sind für E-Commerce-Unternehmen unverzichtbar, und wieso ist das so?

- **Die Versicherungen im Detail:** Von der Betriebshaftpflicht über die Cyber-Versicherung bis hin zu Spezialpolicen, die in deiner Branche besonders wichtig sein können.

- **Praxisnahe Beispiele:** Keine graue Theorie, sondern echte Stories von Gründerinnen und Gründern, die mit einem Bein schon im Chaos standen – und dank kluger Absicherung doch gerettet wurden.

- **Tipps zum Abschluss:** Wie verhandelst du mit Versicherern, was kannst du selbst erledigen und wann lohnt sich ein Profi?

Ich werde dabei wie immer versuchen, das Juristen- und Versichererdeutsch in verständliche Worte zu packen, damit du nicht nach drei Zeilen die Augen verdrehst. Und falls du zwischendurch feststellst, dass du lieber Bungee-Springen würdest, als noch ein Kapitel über Versicherungen zu lesen, dann denk bitte daran: Jeder Sprung ist nur so gut wie das Seil, das dich hält.

Also lehn dich zurück, entspann dich kurz und dann lass uns mit Teil 2 starten. Du wirst sehen: Versicherungen sind weniger ein notwendiges Übel, sondern vielmehr dein Schutzschild, das dir genügend Freiheit und Sicherheit gibt, um dein Business mutig voranzutreiben. Denn eines steht fest: Nur wer sich sicher fühlt, kann richtig durchstarten – und genau das ist mein Ziel für dich.

KAPITEL 7

DIE PERFEKTE ABSICHERUNG FÜR E-COMMERCE-STARTUPS

Die perfekte Absicherung für E-Commerce-Startups

E-Commerce ist ein faszinierendes und dynamisches Geschäftsfeld, das enorme Möglichkeiten bietet. Doch wo es Chancen gibt, existieren stets auch Risiken. Insbesondere für Startups, die in diesem Bereich Fuß fassen möchten, lauern zahlreiche Herausforderungen: rechtliche Fallstricke, Cyberkriminalität, logistische Probleme, Schwierigkeiten mit Lieferanten und vieles mehr. Während sich viele Gründer und Gründerinnen vor allem auf die Entwicklung ihrer Produkte, das Marketing, die Kundengewinnung und das Wachstum konzentrieren, wird das Thema Absicherung oft stiefmütterlich behandelt. Das kann im Ernstfall fatale Folgen haben.

Gerade in einem sich rasant entwickelnden Online-Markt, in dem Konkurrenzdruck, technologische Innovation und hohe Kundenerwartungen allgegenwärtig sind, ist eine umfassende Risikostrategie essenziell. Die richtige Absicherung gibt dir nicht nur ein Gefühl der Sicherheit, sondern ermöglicht es dir auch, mutige Geschäftsentscheidungen zu treffen. Statt dich ständig vor potenziellen Gefahren zu fürchten, kannst du strategisch wachsen, deine Ziele verfolgen und Innovationen vorantreiben, während du weißt, dass dein Unternehmen gegen existenzbedrohende Schäden geschützt ist.

In diesem Kapitel widmen wir uns den wichtigsten Versicherungen, die E-Commerce-Startups in Betracht ziehen sollten. Dabei konzentrieren wir uns auf vier zentrale Bereiche: **Betriebs- und Produkthaftpflicht**, **Cyber-Versicherung**, **Transport- und Warenversicherung** sowie **Rechtsschutzversicherung**. Wir erläutern, warum sie in der Welt des Online-Handels von unschätzbarem Wert sind, zeigen dir praxisnahe Beispiele und geben nützliche Tipps, wie du den passenden Schutz für dein Unternehmen findest.

Betriebs- und Produkthaftpflichtversicherung: Schutz vor rechtlichen und finanziellen Folgen von Produktschäden

- *Warum diese Versicherung für E-Commerce unverzichtbar ist*

  Unternehmen, die Produkte herstellen, importieren oder vertreiben, tragen eine enorme Verantwortung. Wenn ein Produkt einen Schaden verursacht – sei es ein technischer Defekt, ein fehlerhaftes Material oder eine unzureichende Anleitung, haftet in vielen Fällen der Händler oder Verkäufer dafür. Diese Haftung bezieht sich nicht nur auf finanzielle Schäden, sondern kann auch Personenschäden umfassen, die in Deutschland und den meisten europäischen Ländern besonders streng geahndet werden.

  Gerade im E-Commerce werden Produkte häufig aus dem Ausland bezogen, beispielsweise aus Asien oder den USA. Das birgt zusätzliche Risiken: Nicht immer ist klar, wer bei einem Schaden tatsächlich zur Rechenschaft gezogen wird. Oft ist es derjenige, der die Ware in Umlauf bringt – also du als Betreiber des Online-Shops. Ohne Betriebs- und Produkthaftpflichtversicherung können die Kosten schnell in die Hunderttausende oder gar Millionen

Euro gehen, wenn mehrere Personen betroffen sind oder ein teures Rückrufverfahren eingeleitet werden muss.

- *Praktische Relevanz in der Online-Welt*

  Da sich E-Commerce-Startups darauf spezialisieren, einen schnellen und oftmals internationalen Warenverkehr aufzubauen, steigt das Risiko für Produktfehler. Schon kleine Unachtsamkeiten in der Lieferkette können große Auswirkungen haben, etwa wenn eine fehlerhafte Charge von Elektrogeräten verschickt wird. Auch das Zusammenspiel verschiedener Hersteller und Zulieferer macht die Lage kompliziert. Im schlimmsten Fall musst du nicht nur finanziell für Schäden aufkommen, sondern dich auch rechtfertigen, warum deine Kontrollmechanismen versagt haben.

- *Beispiele aus der Praxis*

  > **Technische Produkte**: Ein Startup verkauft kabellose Kopfhörer, die während der Nutzung überhitzen und bei einem Kunden eine Verbrennung am Ohr verursachen. Der betroffene Kunde verklagt das Unternehmen auf Schmerzensgeld und Schadenersatz. Ohne Versicherung könnte dieses Verfahren zu erheblichen finanziellen Belastungen führen.

  > **Fehlerhafte Kosmetikprodukte**: Ein Online-Shop für Naturkosmetik verkauft eine neue Gesichtscreme, die angeblich besonders hautverträglich ist. Bei mehreren Kunden treten jedoch allergische Reaktionen auf, begleitet von Rötungen und Schwellungen. Die Folgen: Teure Rückrufaktionen und Schadensersatzansprüche in schwindelerregender Höhe, die für ein junges Unternehmen schwer zu stemmen sind.

- *Leistungsumfang einer Betriebs- und Produkthaft-pflichtversicherung*

  ▷ **Personenschäden**: Die Versicherung über-nimmt Kosten für medizinische Behandlungen, Schmerzensgeld und gegebenenfalls Pflege-kosten, wenn Personen durch ein fehlerhaftes Produkt verletzt werden.

  ▷ **Sachschäden**: Werden fremde Gegenstände beschädigt – zum Beispiel durch ein defektes Elektrogerät, das einen Brand verursacht –, deckt die Versicherung die entstandenen Kos-ten ab.

  ▷ **Rechtskosten**: Die Betriebs- und Produkthaft-pflicht übernimmt Anwalts- und Gerichtskosten. Dies ist besonders wichtig, wenn es zu einem komplexen Prozess kommt, der sich über Mo-nate oder Jahre hinziehen kann.

  ▷ **Rückrufkosten**: Wenn ein Produkt vom Markt genommen werden muss, unterstützen viele Policen bei den anfallenden Rückrufkosten. Dazu gehören unter anderem Logistikkosten, Vernichtungskosten oder die Kosten für Infor-mationskampagnen.

- *Wichtige Tipps für E-Commerce-Startups*

1. **Geltungsbereich klären**: Achte darauf, dass deine Police auch für importierte Produkte gilt und welt-weit greift, sofern du international tätig bist.

2. **Deckungssummen prüfen**: Gerade bei Personen-schäden können die Kosten extrem hoch ausfallen. Eine ausreichend hohe Deckungssumme ist daher unerlässlich.

3. **Mitversicherte Personen**: Kläre, ob auch Angestell-te, freie Mitarbeiter oder externe Dienstleister in die

Versicherung eingeschlossen sind, falls sie in deinem Auftrag handeln.

Präventionsmaßnahmen: Eine lückenlose Qualitätskontrolle und klare Prozesse zur Fehlerminimierung können die Versicherungsprämie senken und gleichzeitig das Risiko für Schäden verringern.

Cyber-Versicherung: Dein Schutzschild gegen Datenlecks, Hackerangriffe und Systemausfälle

- *Die wachsende Bedrohung durch Cyberkriminalität*

  In der digitalen Welt von heute ist kein Unternehmen vor Cyberangriffen gefeit. Phishing, Ransomware, DDoS-Attacken und andere Formen der Cyberkriminalität betreffen nicht mehr nur Großkonzerne, sondern insbesondere kleine und mittlere Unternehmen. E-Commerce-Startups sind dabei besonders verwundbar: Oft verfügen sie nicht über ausgefeilte IT-Sicherheitsstrukturen, speichern jedoch große Mengen sensibler Kundendaten und sind bei einem Systemausfall schnell in ihrer Existenz bedroht.

- *Warum Cyberangriffe besonders gefährlich sind*

  - **Kundendaten:** Adressen, Zahlungsinformationen, Einkaufsverhalten – all das ist für Cyberkriminelle ein wertvolles Gut. Gehen diese Daten verloren oder werden gestohlen, drohen dir nicht nur hohe Schadensersatzforderungen und Klagen, sondern auch ein massiver Imageverlust.

  - **Betriebsunterbrechung**: Ein Hackerangriff, der deinen Online-Shop lahmlegt, kann zu erheblichen Umsatzverlusten führen. Schon wenige Tage Ausfallzeit können ausreichen, um Kunden an die Konkurrenz zu verlieren oder deinen guten Ruf dauerhaft zu schädigen.

> **Erpressung**: Ransomware ist eine besonders perfide Form des Cyberangriffs. Deine Daten werden verschlüsselt und erst nach Zahlung eines Lösegelds (ransom) wieder freigegeben. In vielen Fällen ist jedoch keineswegs garantiert, dass du nach der Zahlung tatsächlich wieder Zugriff auf deine Daten erhältst.

- *Beispiel aus der Praxis*

Ein E-Commerce-Shop für Bekleidung wird Opfer eines Ransomware-Angriffs. Ein Hacker verschlüsselt alle Kundendaten, die für den Bestellprozess und den Versand nötig sind. Er fordert 50.000 Euro Lösegeld in Bitcoin. Während das Unternehmen versucht, den Schaden zu analysieren und alternative Wege zur Datenrettung zu finden, fallen mehrere Tage Umsatz aus. Kunden beschweren sich über verspätete Lieferungen und in sozialen Netzwerken häufen sich negative Kommentare. Im Endeffekt kostet der Angriff das Unternehmen mindestens 100.000 Euro, inklusive entgangener Umsätze, Wiederherstellungskosten, IT-Forensik und Krisenkommunikation.

- *Leistungen einer Cyber-Versicherung*

> **IT-Forensik**: Spezialisten untersuchen den Angriff, identifizieren die Schwachstellen und helfen dabei, das System wiederherzustellen.

> **Datenwiederherstellung**: Die Kosten für Backup-Lösungen, Datenrettung und Wiederaufbau der IT-Infrastruktur werden übernommen.

> **Betriebsunterbrechung**: Entgangene Umsätze während des Ausfalls werden, je nach Police

und vereinbarter Versicherungssumme, erstattet.

> **Haftung**: Sollten Kunden, Partner oder Lieferanten aufgrund eines Cyberangriffs Schaden erleiden, kommt die Versicherung für entsprechende Schadenersatzforderungen auf.

> **Krisenmanagement und Öffentlichkeitsarbeit**: Um den Imageschaden zu minimieren, stellen viele Versicherer Experten bereit, die bei der Kommunikation mit Medien und Kunden unterstützen. Das ist besonders wichtig, um Vertrauen wiederherzustellen.

- *Prävention und Best Practices*

1. **Sichere Passwörter**: Verwende komplexe Passwörter und ändere sie regelmäßig. Nutze nach Möglichkeit Passwortmanager, um die Verwaltung zu erleichtern.

2. **Software-Updates und Patches**: Halte deine Betriebssysteme, Shop-Software und Plugins stets auf dem neuesten Stand. Sicherheitslücken werden oft über veraltete Software ausgenutzt.

3. **Firewalls und Anti-Viren-Programme**: Eine Grundausstattung an Sicherheitssoftware ist Pflicht. Darüber hinaus solltest du regelmäßige Penetrationstests in Betracht ziehen, um Schwachstellen frühzeitig zu erkennen.

4. **Mitarbeiterschulung**: Ein Großteil der Cyberangriffe gelingt über menschliches Versagen. Phishing-Mails, unsichere Downloads oder unachtsame Handlungen können Hackern Tür und Tor öffnen. Sensibilisiere dein Team für diese Gefahren.

Transport- und Warenversicherung: Sicherung deiner Lieferketten gegen Verluste und Schäden

- *Die Bedeutung einer reibungslosen Lieferkette*

  Gerade im E-Commerce ist Geschwindigkeit ein entscheidender Erfolgsfaktor. Kunden erwarten heute, dass ihre Bestellung innerhalb weniger Tage oder sogar Stunden ankommt. Damit steigt der Druck auf Logistikpartner, Warenlager und Transportunternehmen. Gleichzeitig erhöht sich das Risiko, dass Waren unterwegs beschädigt werden, gestohlen werden oder gar verloren gehen. Insbesondere bei internationalen Lieferungen können unvorhergesehene Ereignisse wie Zollkontrollen, Unwetter oder politische Unruhen zu Verzögerungen oder Verlusten führen.

- *Typische Risiken in der Lieferkette*

  - **Beschädigung**: Beim Umgang mit Paketen kann viel schiefgehen. Ein unsachgemäß behandeltes Paket kann zu zerbrochenen Inhalten oder defekten Elektrogeräten führen.

  - **Verlust**: Auf dem Seeweg kann ein Container über Bord gehen, oder Waren können auf dem Luftweg verschwinden, wenn Frachtpapiere falsch deklariert sind.

  - **Diebstahl**: Hochwertige Ware ist immer ein attraktives Ziel für Kriminelle. Gerade bei Elektronikprodukten oder Modeartikeln besteht ein erhöhtes Risiko.

- *Beispiel aus der Praxis*

  Ein E-Commerce-Unternehmen importiert Smartphone-Zubehör, darunter teure Kopfhörer und Ladestationen, aus China. Während des Transports entsteht auf dem Frachtschiff ein Leck, und ein Teil der Fracht kommt mit Wasser in Berührung. Ein großer Teil der Produkte ist durch Feuchtigkeit unbrauchbar geworden und muss entsorgt werden. Die entstandenen Kosten sind enorm: Neben dem finanziellen Verlust für die beschädigten Waren entstehen zusätzliche Aufwände für die Entsorgung, die Neubeschaffung der Artikel und die verspätete Lieferung an Kunden, die bereits bezahlt haben.

- *Leistungen der Transport- und Warenversicherung*

  ▷ **Deckung von Schäden**: Die Versicherung übernimmt die Kosten für beschädigte oder zerstörte Waren. Gerade bei hohen Warenwerten kann das überlebenswichtig für ein Startup sein.

  ▷ **Erstattung bei Verlust**: Geht ein Teil der Lieferung auf dem Transportweg verloren, ersetzt die Versicherung den Warenwert.

  ▷ **Schutz vor Diebstahl**: Bei Einbruch oder Diebstahl im Lager oder während des Transports übernimmt die Versicherung den entstandenen Schaden.

  ▷ **Erweiterter Schutz bei politischen Risiken**: Je nach Police können sogar Schäden durch Streiks, Unruhen oder Naturkatastrophen abgedeckt sein.

- *Tipps für E-Commerce-Startups*

1. **Prüfung der Logistikpartner**: Nicht alle Logistikunternehmen haben denselben Standard an Sicherheit und Zuverlässigkeit. Wähle vertrauenswürdige Partner aus und kläre, welche Versicherungen diese selbst abgeschlossen haben.

2. **Abstimmung mit dem Versicherer**: Rede offen mit deinem Versicherungsanbieter über typische Risi-

ken in deiner Lieferkette. So kannst du Lücken identifizieren und gezielt schließen.

3. **Dokumentation und Nachweisführung**: Achte darauf, dass du immer klare Lieferpapiere, Rechnungen und Belege über den Zustand der Ware hast. Eine lückenlose Dokumentation erleichtert im Schadensfall die Abwicklung.

4. **Erweiterter Schutz für teure Produkte**: Wenn du hochpreisige Artikel vertreibst, kann eine spezielle Zusatzversicherung sinnvoll sein, die über die Standarddeckung hinausgeht.

Rechtsschutzversicherung: Dein Partner bei rechtlichen Konflikten

- *Die Realität rechtlicher Konflikte im E-Commerce*

  Der Online-Handel hat eine Vielzahl gesetzlicher Vorschriften zu beachten – vom Impressum über die Datenschutzerklärung bis hin zu Preisangaben und Produktbeschreibungen. Schon kleine Fehler können zu teuren Abmahnungen führen. Darüber hinaus entstehen schnell Rechtsstreitigkeiten mit Lieferanten, Kunden oder Kooperationspartnern, etwa wenn Liefertermine nicht eingehalten werden, Produkte Mängel aufweisen oder Lizenzvereinbarungen verletzt werden. Für junge E-Commerce-Unternehmen kann ein Rechtsstreit leicht die Existenz bedrohen.

- *Typische rechtliche Risiken*

  > **Wettbewerbsrecht**: Mitbewerber können dich abmahnen, wenn sie der Ansicht sind, dass deine Werbung irreführend ist oder du gegen bestimmte Marktregeln verstößt.

  > **Markenrecht**: Bei der Verwendung von Logos, Slogans und Produktnamen ist äußerste Vor-

sicht geboten. Ein falsch verwendetes Markenzeichen kann schnell zu einer teuren Abmahnung oder einer Klage führen.

> **Datenschutz**: Die DSGVO schreibt strenge Regeln für den Umgang mit personenbezogenen Daten vor. Bereits ein kleines Versehen kann saftige Bußgelder nach sich ziehen.

> **Vertragsrecht**: Streitigkeiten über Lieferfristen, Qualität, Zahlungsmodalitäten oder Rückgaberechte können in teuren Verfahren münden.

- *Beispiel aus der Praxis*

Ein Startup erwirbt die Rechte an einem vermeintlich frei nutzbaren Foto, um seine Produkte in einem Online-Katalog zu präsentieren. Wenige Monate später erhält das Unternehmen Post von einem Anwalt, der behauptet, dass das Foto doch einem Urheberrecht unterliegt und das Startup gegen dieses verstoße. Die Forderung: Unterlassung sowie eine saftige Lizenznachzahlung. Hinzu kommen hohe Anwalts- und Gerichtskosten. Ohne Rechtsschutzversicherung wäre dieser Konflikt möglicherweise existenzbedrohend.

- *Leistungen einer Rechtsschutzversicherung*

> **Anwaltskosten**: Die Versicherung deckt die Kosten für einen spezialisierten Anwalt. Gerade im Wettbewerbs- und Markenrecht sind die Stundensätze oft sehr hoch, sodass sich ein Rechtsstreit schnell summieren kann.

> **Gerichtskosten**: Sämtliche Gebühren, die vor Gericht anfallen, übernimmt die Rechtsschutzversicherung, sofern der Fall versichert ist.

> **Mediation**: Einige Versicherer bieten auch alternative Streitbeilegungsverfahren an. Eine

Mediation kann Zeit und Geld sparen und dazu beitragen, geschäftliche Beziehungen zu erhalten.

> **Strafrechtsschutz**: Je nach Police kann auch ein Schutz gegen strafrechtliche Vorwürfe bestehen, beispielsweise wenn jemand behauptet, du hättest vorsätzlich gegen Verbraucherschutzgesetze verstoßen.

- *Tipps für E-Commerce-Startups*

1. **Spezialisierte Policen wählen**: Achte darauf, dass der Rechtsschutz explizit auf Wettbewerbs- und Internetrecht ausgerichtet ist. Die Standard-Rechtsschutzversicherung für Privatleute deckt diese Bereiche meist nicht ab.

2. **Selbstbeteiligung vereinbaren**: Eine höhere Selbstbeteiligung kann dazu führen, dass die Versicherungsprämien sinken. Allerdings trägst du dann ein höheres Kostenrisiko bei kleineren Streitigkeiten.

3. **Laufende Aktualisierung**: Da sich die Gesetzeslage im E-Commerce schnell ändert, kann es sinnvoll sein, regelmäßige Updates beim Versicherer oder Fachanwalt einzuholen.

4. **Vorbeugung durch professionelle Beratung**: Eine gute Rechtsschutzversicherung schützt zwar im Streitfall, aber noch besser ist es, Streitigkeiten von vornherein zu vermeiden. Investiere in qualifizierte Rechtsberatung und sorge für wasserdichte Verträge und AGB.

- **Die Auswahl des richtigen Versicherungspartners**

- *Warum die Wahl des Versicherers so wichtig ist*

Nicht alle Versicherungsanbieter sind gleich. Manche haben sich auf bestimmte Branchen spezialisiert, während andere ein sehr breites Spektrum abdecken. Gerade im E-Commerce sind Spezialkenntnisse über Online-Handel, Logistik und digitale Risiken Gold wert. Ein Versicherer, der dein Geschäftsmodell versteht, kann dir passgenaue Policen anbieten und dich im Schadensfall kompetent unterstützen.

- *Wichtige Kriterien bei der Auswahl*

1. **Branchenerfahrung**: Hat der Versicherer Erfahrung mit E-Commerce-Unternehmen oder gar Referenzen in diesem Bereich?

2. **Deckungsumfang und Konditionen**: Welche Leistungen sind konkret abgedeckt, welche Ausschlüsse gibt es, und wie hoch sind die Deckungssummen?

3. **Service und Erreichbarkeit**: Ein Schaden kann jederzeit auftreten – auch außerhalb der üblichen Bürozeiten. Wie schnell und zuverlässig reagiert der Versicherer?

4. **Preis-Leistungs-Verhältnis**: Günstig ist nicht immer besser. Bei Versicherungen ist eine solide Leistung entscheidend. Prüfe Angebote genau und lass dich nicht nur vom Preis leiten.

5. **Beratung und Zusatzleistungen**: Bietet der Versicherer Schulungen, Webinare oder Sicherheits-Checks an, um dein Unternehmen noch besser zu schützen?

- *Rolle des Versicherungsmaklers*

Gerade für E-Commerce-Startups kann es sinnvoll sein, mit einem unabhängigen Versicherungsmakler zusammenzuarbeiten. Ein Makler kennt den Markt, vergleicht verschiedene Anbieter und kann maßgeschneiderte Lösungen vermitteln. Darüber hinaus übernimmt er oft die Kommunikation mit dem Versicherer und unterstützt dich im Schadensfall. Das spart Zeit und Nerven, sodass du dich auf dein Kerngeschäft konzentrieren kannst.

Kosten, Verträge und Laufzeiten

- *Kostenfaktoren*

Die Prämien für Versicherungen im E-Commerce-Bereich können stark variieren, je nach Unternehmensgröße, Risikoprofil und gewähltem Leistungsumfang. Typische Faktoren sind unter anderem:

> Jahresumsatz

> Warengruppe und Risikoklasse (z. B. Elektronik vs. Kleidung)

> Zahl der Mitarbeiter

> Liefergebiete (nur national oder international?)

> Höhe der Deckungssummen

> Individuelle Schadenshistorie

> *Vertragslaufzeiten und Kündigungsmodalitäten*

In der Regel werden Versicherungsverträge über ein bis drei Jahre abgeschlossen. Viele Policen verlängern sich automatisch, wenn sie nicht rechtzeitig gekündigt werden. Achte darauf, die Kündigungsfristen zu kennen und rechtzeitig zu handeln, wenn du wechseln möchtest. Gleichzeitig ist es ratsam, in regelmäßigen Abständen zu prüfen, ob der gewählte Tarif noch zu deinem Unternehmen passt oder ob eine Anpassung notwendig ist.

- *Zusammenführung mehrerer Versicherungen*

Einige Versicherer bieten Pakete an, die verschiedene Versicherungen kombinieren. Das kann nicht nur günstiger sein, sondern auch die Verwaltungsaufwände reduzieren. Allerdings solltest du immer genau prüfen, ob die Paketlösungen wirklich die benötigten Leistungen umfassen oder ob wichtige Punkte ausgeschlossen sind.

Schadensfall: Was tun, wenn es brenzlig wird?

- Erste Schritte im Ernstfall

1. **Ruhe bewahren**: Ein Schadenfall kann nervenaufreibend sein. Gerade bei Hackerangriffen oder haftungsrelevanten Produktschäden ist ein kühler Kopf gefragt.

2. **Dokumentation**: Halte alle relevanten Informationen fest. Screenshots, E-Mails, Zeitabläufe – je genauer du den Vorfall dokumentierst, desto schneller kann der Versicherer helfen.

3. **Kontakt zum Versicherer**: Informiere deinen Ansprechpartner oder Makler so schnell wie möglich. Viele Versicherungen haben eine Schadenshotline, die rund um die Uhr erreichbar ist.

4. **Weitere Schäden verhindern**: Triff Sofortmaßnahmen, um den Schaden zu begrenzen. Das kann bedeuten, den Online-Shop vorübergehend abzuschalten, Kunden zu informieren oder fehlerhafte Produkte aus dem Verkauf zu nehmen.

- *Zusammenarbeit mit Gutachtern und Experten*

  Je nach Umfang des Schadens wird ein Gutachter eingeschaltet. Er untersucht die Ursachen und erstellt ein Schadensprotokoll. Gerade bei Transport- und Produkthaftpflichtschäden ist eine objektive Bewertung entscheidend, um festzulegen, in welcher Höhe der Versicherer leistet. Im Bereich Cyberkriminalität werden oft IT-Forensiker engagiert, um die Angriffspunkte zu identifizieren und künftige Schäden zu vermeiden.

- *Kommunikation nach außen*

  In einigen Fällen kann ein Schadenfall hohe Wellen schlagen und in der Öffentlichkeit für Aufmerksamkeit sorgen – beispielsweise bei größeren Datenschutzpannen. Hier ist ein professionelles Krisenmanagement gefragt. Eine transparente, aber gleichzeitig bedachte Kommunikation kann den Imageschaden begrenzen und das Vertrauen der Kunden bewahren.

Versicherung im Kontext eines skalierenden E-Commerce-Geschäfts

- *Skalierbare Absicherung*

  E-Commerce-Startups haben oft ambitionierte Wachstumspläne. Mit steigendem Umsatz, mehr Produkten und einer Ausweitung auf internationale Märkte wächst jedoch auch das Risikopotenzial. Es ist wichtig, dass deine Versicherungslösungen mit deinem Unternehmen „mitwachsen" und du deine Policen regelmäßig überprüfst. Was für ein Unternehmen mit fünf Mitarbeitern passt, kann bei 50 Mitarbeitern oder bei einem internationalen Geschäftsfeld längst nicht mehr ausreichend sein.

- *Bedeutung von Compliance und Regularien*

  Je größer dein Unternehmen wird, desto stärker gerätst du in den Fokus von Behörden und Mitbewerbern. Verbraucherverbände, Datenschutzbeauftragte oder Wettbewerbsbehörden können streng kontrollieren, ob du alle Vorschriften einhältst. Verstöße gegen Compliance-Regeln oder Datenschutzgesetze können schnell zu teuren Bußgeldern führen. Eine angemessene Rechtsschutz- und Haftpflichtabsicherung ist daher essenziell, um sich vor den finanziellen Folgen zu schützen.

- *Risiken bei Internationalisierung*

  Wer in neue Märkte expandiert, muss sich an die dortigen Gesetze und Vorschriften halten. Dies gilt nicht nur für Zoll- und Steuerregelungen, sondern auch für Haftungsfragen und Datenschutzstandards. Nicht jede Versicherung, die in Deutschland abgeschlossen wurde, deckt automatisch Ansprüche im Ausland ab. Eine enge Abstimmung mit deinem Versicherer oder Makler hilft dir, internationale Risiken richtig einzuschätzen und gegebenenfalls neue Policen abzuschließen.

Zukünftige Entwicklungen im E-Commerce und deren Auswirkungen auf Versicherungen

- *Technologische Trends*

  Die rasante Entwicklung im Online-Handel wird auch künftig anhalten. Themen wie KI-gestützte Personalisierung, Virtual Reality-Shopping, Drohnenlieferungen oder automatisierte Lagerhaltung bringen neue Chancen, aber auch neue Risiken. So könnten Drohnen, die Pakete ausliefern, Schadensersatzansprüche auslösen, wenn sie abstürzen oder Menschen verletzen.

- *Cyber-Bedrohungen der nächsten Generation*

  Mit jedem technologischen Fortschritt eröffnen sich auch neue Einfallstore für Cyberkriminelle. KI-basierte Phishing-Angriffe, tiefgreifende Datenlecks oder Sicherheitslücken in IoT-Geräten werden in Zukunft wohl noch häufiger auftreten. Die Bedeutung einer Cyber-Versicherung wird daher weiter zunehmen, zumal auch die gesetzlichen Anforderungen an den Datenschutz steigen.

- *Nachhaltigkeit und ESG-Kriterien*

  Immer mehr Kunden achten darauf, dass E-Commerce-Unternehmen nachhaltig agieren. Dies betrifft nicht nur die Produktion und den Versand, sondern auch den Umgang mit Mitarbeitenden und Lieferanten. Versicherer beginnen, ESG-Kriterien (Environmental, Social, Governance) stärker in ihre Risikobewertung einzubeziehen. Unternehmen, die nachweislich nachhaltiger und sozialverträglicher arbeiten, könnten in Zukunft von günstigeren Prämien profitieren.

- **Absicherung als Fundament für langfristigen Erfolg**

  E-Commerce bietet enorme Wachstumschancen in einer globalisierten und digitalisierten Welt. Doch mit den Chancen gehen immer auch Risiken einher. **Betriebs- und Produkthaftpflicht**, **Cyber-Versicherung**, **Transport- und Warenversicherung** sowie **Rechtsschutzversicherung** bilden das essenzielle Fundament, um dein Startup vor existenziellen Bedrohungen zu schützen. Eine einzige Schadensforderung oder ein Hackerangriff kann ausreichen, um jahrelange Aufbauarbeit zunichtezumachen, wenn keine passende Versicherung vorhanden ist.

  Gerade für junge Unternehmen, die ihr Geschäftsmodell noch erproben und sich am Markt etablieren wollen, ist es eine große Herausforderung, das notwendige Budget für Versicherungen einzuplanen. Allerdings solltest du dir immer vergegenwärtigen, dass eine Versicherung kein Kostenfaktor im klassischen Sinne ist, sondern eine Investition in die Zukunft. Sie gibt dir die Möglichkeit, risikobewusste Entscheidungen zu treffen, ohne ständig die Angst im Nacken zu haben, dass ein unvorhergesehenes Ereignis dein Lebenswerk zerstören könnte.

Eine gute Absicherung bedeutet auch, dass du nach außen hin Professionalität zeigst. Geschäftspartner, Lieferanten und Investoren werden beruhigt sein, wenn sie wissen, dass du verantwortungsvoll mit potenziellen Risiken umgehst und im Ernstfall handlungsfähig bleibst. Gerade in Verhandlungen mit potenziellen Kapitalgebern kann eine solide Versicherungsstrategie den Ausschlag geben und zeigen, dass du dein Unternehmen langfristig und nachhaltig ausrichtest.

Nutze daher die Möglichkeiten, dich umfassend zu informieren, sei es durch spezialisierte Makler, durch den Austausch mit anderen E-Commerce-Unternehmern oder durch die Lektüre aktueller Fachartikel. Prüfe regelmäßig, ob deine Policen noch ausreichend sind oder ob du Anpassungen vornehmen musst. Ein regelmäßiges Risikomanagement-Meeting, in dem du aktuelle Entwicklungen, Erweiterungen deiner Produktpalette oder Veränderungen in der Lieferkette reflektierst, kann dir helfen, schnell auf neue Herausforderungen zu reagieren.

Denke auch daran, dass Prävention und Versicherung Hand in Hand gehen. Mit effektiven Sicherheitsmaßnahmen, klaren Verträgen und einer verantwortungsbewussten Unternehmensführung kannst du dein Risikoprofil senken, was sich oft direkt auf die Versicherungsprämien auswirkt. Und wenn der Ernstfall doch eintritt, bist du optimal aufgestellt, um die Schäden so gering wie möglich zu halten und rasch wieder handlungsfähig zu werden.

Mit der richtigen Absicherung kann dein E-Commerce-Startup seine Potenziale voll ausschöpfen und unbeschwert wachsen. Versicherungen sind nicht nur ein „notwendiges Übel", sondern ein wesentlicher Bestandteil einer durchdachten Geschäftsstrategie. Wer hier rechtzeitig aktiv wird, legt den Grundstein für nachhaltigen Erfolg.

„Eine kluge Absicherung schützt dich nicht nur im Schadensfall – sie gibt dir auch die Freiheit, ohne Furcht vor dem Scheitern zu handeln und deine Vision zu verwirklichen.“

KAPITEL 8

CYBER-RISIKEN MEISTERN: ABSICHERUNG IN DER DIGITALEN WELT

Cyber-Risiken meistern: Absicherung in der digitalen Welt

Die digitale Revolution hat nicht nur die Art und Weise verändert, wie wir Geschäfte machen, sondern auch die Bedrohungen, denen Unternehmen ausgesetzt sind. Für E-Commerce-Unternehmen sind Cyberangriffe nicht nur eine entfernte Möglichkeit – sie sind eine allgegenwärtige Realität. Ob es sich um Hackerangriffe, Ransomware, DDoS-Attacken oder Datenschutzverletzungen handelt, die Folgen eines Angriffs können verheerend sein.

Dieses Kapitel bietet dir einen umfassenden Leitfaden, wie du dein Unternehmen vor Cyber-Risiken schützt. Wir beginnen mit einem tiefen Einblick in die Bedrohungen, denen du als Unternehmer ausgesetzt bist, und zeigen dir dann, wie du durch technologische Prävention und Cyber-Versicherungen dein Unternehmen absicherst.

Wir legen los und keine Angst ich versuche nicht in Fachchinesisch zu verfallen.

1. Cyberangriffe: Eine Bedrohung, die wächst

1.1. Warum Cyberangriffe eine der größten Gefahren für E-Commerce sind

Cyberangriffe haben in den letzten Jahren weltweit zugenommen. Kein Unternehmen, ob groß oder klein, ist sicher. Besonders E-Commerce-Unternehmen sind für Hacker ein attraktives Ziel, da sie auf sensible Kundendaten zugreifen und Finanztransaktionen abwickeln.

Statistiken zur Bedrohungslage:

1. Laut einer Studie von IBM dauert es durchschnittlich **287 Tage**, um einen Datenverlust vollständig zu beheben.

2. Der durchschnittliche finanzielle Schaden durch Cyberangriffe liegt bei **4,2 Millionen US-Dollar** pro Vorfall (IBM Security Report 2022).

3. **90 % der Unternehmen** weltweit haben in den letzten Jahren eine Form von Cyberangriffen erlebt.

1.2. Warum E-Commerce so anfällig ist

E-Commerce ist besonders gefährdet, da die Branche stark von IT-Systemen und Datenverarbeitung abhängt. Die wichtigsten Schwachstellen:

1. **Datenbanken:** E-Commerce-Shops speichern persönliche Informationen wie Namen, Adressen, E-Mail-Adressen und Zahlungsdaten. Diese Daten sind auf dem Schwarzmarkt hoch begehrt.

2. **24/7-Verfügbarkeit:** Online-Shops sind immer erreichbar, was bedeutet, dass es keine „sicheren Stunden" gibt. Hacker können jederzeit angreifen.

3. **Komplexe Lieferketten:** Integrierte Logistik- und Zahlungssysteme bieten zusätzliche Angriffsvektoren.

1.3. Arten von Cyberangriffen

1. **Ransomware:** Hacker verschlüsseln die Daten eines Unternehmens und verlangen ein Lösegeld, um den Zugriff wieder freizugeben. **Beispiel:** Ein Online-Shop wird Opfer eines Ransomware-Angriffs. Der Angreifer verschlüsselt die Kundendatenbank und fordert 50.000 Euro in Bitcoin.

2. **DDoS-Angriffe:** Durch massive Anfragen an den Server wird der Online-Shop überlastet und fällt aus.

3. **Phishing:** Mitarbeiter werden durch gefälschte E-Mails oder Websites dazu verleitet, Passwörter oder andere sensible Daten preiszugeben.

4. **Datenlecks:** Schwachstellen in der Software ermöglichen es Hackern, auf sensible Daten zuzugreifen.

5. **Man-in-the-Middle-Angriffe:** Hacker fangen Daten ab, die zwischen dem Kunden und dem Shop ausgetauscht werden, z. B. Zahlungsinformationen.

1.4. Die Konsequenzen eines Cyberangriffs

Ein erfolgreicher Cyberangriff hat weitreichende Auswirkungen:

1. **Finanzielle Verluste:** Betriebsunterbrechungen, Wiederherstellungskosten und entgangene Umsätze können dein Geschäft schwer belasten.

2. **Reputationsschäden:** Kunden, deren Daten gestohlen wurden, verlieren das Vertrauen in deinen Shop.

3. **Rechtliche Konsequenzen:** Datenschutzverletzungen können Bußgelder nach sich ziehen, insbesondere im Rahmen der DSGVO.

Puh ich hoffe du bist noch geistig anwesend. Und ich habe nicht zu viel versprochen.

2. Technologische Prävention: IT-Sicherheitsmaßnahmen, die du kennen musst

2.1. Sichere IT-Infrastruktur aufbauen

Die Grundlage jeder Sicherheitsstrategie ist eine robuste IT-Infrastruktur:

1. **SSL-Zertifikate:** Ein SSL-Zertifikat verschlüsselt die Kommunikation zwischen Kunden und deinem Shop. Dies ist ein Muss für jeden Online-Shop.

2. **Firewalls:** Firewalls schützen deine Server vor unbefugtem Zugriff.

3. **Regelmäßige Updates:** Halte deine Software auf dem neuesten Stand, um bekannte Schwachstellen zu schließen.

2.2. Zugriffsmanagement und Passwörter

1. **Starke Passwörter:** Verwende Passwörter, die aus einer Kombination von Buchstaben, Zahlen und Sonderzeichen bestehen.

2. **Zwei-Faktor-Authentifizierung (2FA):** Ergänze Passwörter mit einem zweiten Sicherheitsfaktor wie einem Einmalcode per SMS.

3. **Eingeschränkte Zugriffsrechte:** Mitarbeiter sollten nur Zugriff auf die Systeme haben, die sie für ihre Arbeit benötigen.

2.3. Backups und Disaster Recovery

1. **Regelmäßige Backups:** Sichere deine Daten täglich oder wöchentlich, idealerweise an mehreren Standorten (z. B. Cloud und externe Server).

2. **Notfallpläne:** Entwickle klare Schritte, die im Falle eines Angriffs ergriffen werden sollen, um den Betrieb schnell wiederherzustellen.

2.4. Mitarbeiterschulung und Sensibilisierung

Ein Großteil der Cyberangriffe erfolgt durch menschliche Fehler. Sensibilisiere dein Team für Cyberrisiken:

1. Erkenne Phishing-Versuche.

2. Öffne keine verdächtigen Anhänge.

3. Melde ungewöhnliche Aktivitäten sofort.

3. Was eine gute Cyber-Versicherung abdeckt und wie du die richtige auswählst

3.1. Warum eine Cyber-Versicherung unverzichtbar ist

Auch mit den besten Sicherheitsmaßnahmen gibt es keine 100 %ige Garantie gegen Cyberangriffe. Eine Cyber-Versicherung schützt dich vor den finanziellen und organisatorischen Folgen eines Angriffs und ermöglicht es dir, schnell wieder betriebsfähig zu werden.

3.2. Die wichtigsten Leistungen einer Cyber-Versicherung

1. **Datenwiederherstellung:** Die Kosten für die Wiederherstellung verlorener oder verschlüsselter Daten werden übernommen.

2. **IT-Forensik:** Experten analysieren den Angriff, identifizieren die Schwachstellen und stellen die Systeme wieder her.

3. **Betriebsunterbrechung:** Entgangene Umsätze während eines Ausfalls werden erstattet.

4. **Schadenersatz:** Falls Kundendaten betroffen sind, deckt die Versicherung Forderungen ab.

5. **Rechtsschutz:** Kosten für Anwälte und Gerichtsverfahren werden übernommen.

6. **Krisenmanagement:** Unterstützung bei der Kommunikation mit Kunden und der Medien, um Reputationsschäden zu minimieren.

3.3. Wie du die richtige Cyber-Versicherung auswählst

1. **Bedarfsanalyse:** Identifiziere die spezifischen Risiken deines Unternehmens (z. B. Menge der gespeicherten Daten, Abhängigkeit von IT-Systemen).

2. **Vergleich von Anbietern:** Nutze Vergleichsplattformen oder Versicherungsmakler, die auf Cyber-Versicherungen spezialisiert sind.

3. **Deckungssumme:** Achte darauf, dass die Deckungssumme ausreicht, um auch größere Schäden abzudecken.

4. **Selbstbeteiligung:** Überlege, wie viel du im Schadensfall selbst tragen kannst.

5. **Präventive Leistungen:** Einige Versicherer bieten zusätzliche Dienstleistungen wie regelmäßige IT-Sicherheitschecks oder Mitarbeiterschulungen an.

3.4. Kosten einer Cyber-Versicherung

Die Kosten variieren je nach Größe des Unternehmens, Branche und gewünschtem Leistungsumfang. Für kleine bis mittelgroße E-Commerce-Unternehmen liegen die jährlichen Prämien oft zwischen **500 und 10.000 Euro**.

Wir haben es gleich geschafft! Jetzt wird es noch etwas länger, aber du schaffst das!

4. Praxisbeispiele: Wie Unternehmen von Cyber-Versicherungen profitieren

Beispiel 1: Ransomware-Angriff auf ein E-Commerce-Startup

Ein Online-Shop wurde Opfer eines Ransomware-Angriffs. Der Angreifer verschlüsselte alle Daten und verlangte ein Lösegeld von 30.000 Euro. Dank der Cyber-Versicherung konnte das Unternehmen:

1. Experten für IT-Forensik engagieren, die die Systeme innerhalb von 48 Stunden wiederherstellten.

2. Die entgangenen Umsätze während des Ausfalls erstattet bekommen.

Beispiel 2: Datenleck bei einem Mode-Shop

Ein Hacker nutzte eine Sicherheitslücke, um auf die Kreditkartendaten von 10.000 Kunden zuzugreifen. Die Versicherung übernahm:

1. Die Kosten für die Meldung des Vorfalls an die Behörden.

2. Die rechtlichen Gebühren für die Abwehr von Klagen.

3. Die PR-Maßnahmen, um den Reputationsschaden zu minimieren.

Beispiel 3: DDoS-Angriff auf eine E-Commerce-Plattform

Ein gezielter DDoS-Angriff legte den Online-Shop eines mittelständischen Unternehmens für 24 Stunden lahm. Die Versicherung deckte:

1. Die entgangenen Umsätze.

2. Die Kosten für die IT-Experten, die den Angriff abwehrten.

Cyber-Risiken erfolgreich meistern

Die digitale Welt ist für E-Commerce-Unternehmen voller Chancen – aber auch voller Gefahren. Cyberkriminalität ist längst keine theoretische Bedrohung mehr, sondern eine Realität, die täglich Unternehmen auf der ganzen Welt trifft. Von kleinen Startups bis hin zu etablierten Online-Giganten: Niemand ist vor den Tricks und Angriffen von Hackern sicher. Doch mit der richtigen Vorbereitung, präventiven Maßnahmen und einer strategischen Absicherung kannst du dich gegen die Gefahren wappnen und dein Unternehmen langfristig schützen.

E-Commerce lebt von der Geschwindigkeit, Flexibilität und globalen Reichweite der digitalen Welt. Doch genau diese Eigenschaften machen ihn auch anfällig. Ein erfolgreiches Cyberangriff-Szenario könnte in wenigen Stunden das zerstören, was du jahrelang aufgebaut hast. Kundendaten können gestohlen, dein Online-Shop lahmgelegt und dein Ruf beschädigt werden. Ohne Schutz bedeutet das oft das Aus für kleine oder mittlere Unternehmen.

Doch es gibt eine gute Nachricht: **Risiken sind beherrschbar.** Mit der richtigen Kombination aus technologischen Sicherheitsmaßnahmen und finanzieller Absicherung durch eine Cyber-Versicherung kannst du nicht nur die Wahrscheinlichkeit eines Angriffs verringern, sondern auch sicherstellen, dass dein Unternehmen selbst im schlimmsten Fall stabil bleibt und sich schnell erholt.

Um Cyber-Risiken effektiv zu meistern, musst du dich auf drei zentrale Säulen konzentrieren:

1. **Prävention durch Technologie:** Präventive Maßnahmen wie Firewalls, regelmäßige Updates und sichere Passwörter bilden die Grundlage deiner Verteidigung. Ohne diese Basis bist du ein leichtes

Ziel für Hacker. Prävention bedeutet jedoch nicht, dass du unverwundbar wirst – kein System ist zu 100 % sicher.

2. **Menschliche Vorbereitung:** Ein Großteil der Cyberangriffe erfolgt über menschliche Fehler, wie das Klicken auf Phishing-Links oder das Verwenden schwacher Passwörter. Daher ist es entscheidend, deine Mitarbeiter zu schulen und regelmäßig auf mögliche Bedrohungen aufmerksam zu machen. Ein geschultes Team ist deine zweite Verteidigungslinie.

3. **Absicherung durch Versicherungen:** Trotz aller Vorsichtsmaßnahmen kann ein Cyberangriff nie völlig ausgeschlossen werden. Eine Cyber-Versicherung ist daher kein „Nice-to-have", sondern ein essenzieller Bestandteil deines Sicherheitskonzepts. Sie deckt nicht nur finanzielle Schäden ab, sondern hilft dir auch, mit den Nachwirkungen eines Angriffs umzugehen – sei es durch PR-Unterstützung, die Wiederherstellung deiner Daten oder rechtliche Absicherung.

Ein zentrales Thema dieses Kapitels war die Rolle der Cyber-Versicherung. Sie ist nicht nur ein Schutzschild, sondern auch ein Rückgrat, das dir Stabilität gibt. Gerade in stressigen und kritischen Situationen kann eine Versicherung den entscheidenden Unterschied machen. Stell dir vor, dein Shop wird gehackt und dein IT-Team steht vor einem Problem, das es nicht alleine lösen kann. Hier greift die Cyber-Versicherung ein und bietet dir Zugang zu IT-Forensikern, die die Angriffe analysieren und dein System wiederherstellen.

Darüber hinaus schützt die Versicherung nicht nur dein Unternehmen, sondern auch das Vertrauen deiner Kunden. Mit einer professionellen Reaktion auf einen Angriff zeigst du, dass du Verantwortung übernimmst und die Sicherheit deiner Kunden ernst nimmst. Eine starke Cyberstrategie bringt nicht nur Sicherheit, sondern auch Wettbewerbsvorteile. Kunden und Partner schätzen es, mit einem Unternehmen zusammenzuarbeiten, das sich durch hohe Sicherheitsstandards auszeichnet. Vertrauen ist im E-Commerce alles und Sicherheit ist ein Schlüsselfaktor, um dieses Vertrauen aufzubauen.

Zusammengefasst bietet dir eine gute Cyberstrategie folgende Vorteile:

1. **Finanzielle Sicherheit:** Du bist vor unvorhergesehenen Kosten geschützt, die durch Angriffe entstehen können.

2. **Reputationsschutz:** Du kannst Angriffe professionell abwehren und das Vertrauen deiner Kunden bewahren.

3. **Wachstumsfreiheit:** Mit dem Wissen, dass du abgesichert bist, kannst du mutigere Entscheidungen treffen und neue Märkte erschließen.

4. **Compliance:** Du erfüllst gesetzliche Anforderungen wie die DSGVO und vermeidest Strafen durch Datenschutzverletzungen.

Cyberkriminalität ist nicht nur ein Risiko, sondern eine Realität, die jedes Unternehmen treffen kann. Die Frage ist nicht, ob du angegriffen wirst, sondern wann und wie gut du darauf vorbereitet bist. Investiere heute in die Sicherheit deines Unternehmens, um morgen beruhigt wachsen zu können.

Schritte, die du sofort unternehmen solltest:

1. Überprüfe deine aktuelle IT-Sicherheitsinfrastruktur und schließe eventuelle Schwachstellen.

2. Schule dein Team regelmäßig zu Themen wie Phishing und sicheres Arbeiten.

3. Vergleiche verschiedene Cyber-Versicherungen und wähle eine, die perfekt auf die Bedürfnisse deines Unternehmens zugeschnitten ist.

4. Entwickle einen Notfallplan für Cyberangriffe und teste ihn regelmäßig.

Die digitale Welt entwickelt sich rasant weiter, und mit ihr die Methoden der Cyberkriminalität. Doch jedes Risiko birgt auch eine Chance. Die Unternehmen, die frühzeitig in Sicherheit und Absicherung investieren, werden nicht nur Angriffe abwehren können, sondern gestärkt aus ihnen hervorgehen. Sie sind die Pioniere, die ihren Kunden Sicherheit bieten und in einer unsicheren Welt Vertrauen schaffen.

„Cyber-Risiken sind nicht das Ende, sondern eine Gelegenheit, dein Unternehmen widerstandsfähiger, stärker und zukunftssicher zu machen. Nutze die Werkzeuge, die dir zur Verfügung stehen, und schreite mit Sicherheit in die digitale Zukunft.“

KAPITEL 9:
TRANSPORT UND WARENVERSICHERUNG – SICHER DURCH DIE LIEFERKETTE

Transport und Warenversicherung – sicher durch die Lieferkette

Der E-Commerce boomt wie nie zuvor. Immer mehr Menschen kaufen ihre Produkte online, sei es Haushaltsartikel oder teure Elektronikgeräte und Designer-Kleidung. Doch was viele Online-Händler und auch Kunden oft vergessen: Hinter den glänzenden Online-Shops verbirgt sich eine hochkomplexe Logistik, die dafür sorgen muss, dass Waren von A nach B gelangen – häufig über mehrere Zwischenstationen und Kontinente hinweg. Genau hier lauern zahlreiche Risiken: Pakete können beschädigt werden, verloren gehen oder Dieben in die Hände fallen. Und wenn das passiert, wird die vermeintlich starke Lieferkette schnell zum schwächsten Glied in deinem Geschäftsmodell.

In diesem Kapitel dreht sich alles rund um das Thema **Transport und Warenversicherung**. Wir schauen uns an, warum gerade die Logistik der neuralgische Punkt im E-Commerce ist. Außerdem beleuchten wir, was bei Schäden oder Verlusten während des Transports passiert und wie eine Transportversicherung deine Ware in jeder Phase der Lieferkette schützen kann. Das Ganze soll leicht verständlich sein und dir ausreichend Hintergrundwissen liefern, um dein eigenes Risiko besser einschätzen und minimieren zu können.

Die Bedeutung einer reibungslosen Lieferkette

In der Welt des E-Commerce sind Geschwindigkeit und Zuverlässigkeit das A und O. Kunden haben sich daran gewöhnt, ihre Bestellung spätestens am nächsten Tag zu erhalten – oft sogar am gleichen oder darauffolgenden Tag. Doch je höher die Ansprüche an kurze Lieferzeiten steigen, desto komplexer wird die dahinterstehende Logistik.

Denn nicht nur müssen die Waren schnell gepackt und verschickt werden. Häufig müssen sie über sehr weite Strecken transportiert werden: vom Hersteller zum Händler, vom Händler zum Zwischenlager, von dort zum Logistikdienstleister und schließlich zum Endkunden. Dabei kommen unterschiedliche Verkehrsträger zum Einsatz – LKW, Flugzeug, Schiff oder Bahn. Und jede dieser Stationen birgt ein zusätzliches Risiko, etwa Beschädigungen der Ware, Verzögerungen oder Diebstahl.

Der Druck auf die Lieferkette ist folglich enorm. Ein einziges falsch deklariertes Paket, ein Sturm auf hoher See oder ein Streik am Flughafen kann zu Verzögerungen führen, die den gesamten Lieferprozess durcheinanderbringen. Je globaler du agierst, desto größer sind zudem die kulturellen und bürokratischen Hürden: Zollbestimmungen, sprachliche Barrieren und unterschiedliche Gesetze. Daher gilt die Logistik zu Recht als einer der anfälligsten Punkte im E-Commerce. Ein Ausfall an dieser Stelle kann den gesamten Verkaufsprozess zum Stillstand bringen – egal, wie gut dein Produkt, Marketing oder Kundenservice sonst aufgestellt ist.

Warum die Logistik oft der schwächste Punkt ist

Logistikprozesse sind kompliziert und setzen voraus, dass alle Beteiligten reibungslos zusammenarbeiten. Als Händler hast du nur bedingt Einfluss auf die Arbeitsabläufe und Sicherheitsstandards deiner Lieferanten, Spediteure und Kuriere. Entsprechend kann es sein, dass du zwar intern perfekt aufgestellt bist, aber externe Partner einen Fehler machen – oder dass unvorhergesehene Ereignisse eintreten. Ein Orkan, ein IT-Ausfall, politische Unruhen oder auch ein Fahrer, der sich einfach verirrt, können ein logistisches Chaos auslösen.

Außerdem sind Lieferketten besonders fehleranfällig. Pakete können herunterfallen, ein Container kann auf dem Schiff falsch gesichert sein und in schwerer See verrutschen, oder Paletten können versehentlich umkippen. Empfindliche Produkte werden dabei oft so stark beschädigt, dass sie nicht mehr verkaufsfähig sind. Dazu kommt das Thema Diebstahl: Hochwertige Ware zieht Kriminelle an, und nicht alle Lagerhäuser oder LKW sind optimal gesichert. Eine klassische Betriebs- oder Produkthaftpflichtversicherung deckt solche Transportschäden in der Regel nicht ab. Genau hier kommt die Transportversicherung ins Spiel.

Typische Schadensszenarien im Transport

Um zu verstehen, weshalb eine Transportversicherung so wichtig ist, lohnt es sich, einige typische Schadensszenarien in der Logistik zu betrachten:

1. **Beschädigung durch unsachgemäße Handhabung**

   – In einem Frachtzentrum wird ein Paket vom Förderband gestoßen oder fällt beim Verladen vom Gabelstapler. Vor allem empfindliche Produkte wie Elektronik, Glas oder Keramik sind schnell unbrauchbar, wenn sie fallen oder stark gestoßen werden.

2. **Feuchtigkeitsschäden**

   – Auf dem Seeweg können Container nicht immer absolut dicht verschlossen werden. Wenn Wasser eindringt, kann das Feuchtigkeitsschäden verursachen, die ganze Warensendungen ruinieren. Auch extreme Temperaturwechsel (z. B. Transport durch sehr kalte Gebiete) schaden einigen Produkten.

3. **Diebstahl**

   – In manchen Häfen oder Frachtzentren wird Diebstahl regelrecht professionell organisiert. Hochpreisige Ware ist ein begehrtes Ziel für Kriminelle, und oft sind Zugriffe auf Container oder Lagerbereiche einfacher möglich, als man denkt.

4. **Verlust von Containern**

   – Auf hoher See kann es bei schwerem Seegang vorkommen, dass Container über Bord gehen. Das ist zwar relativ selten, kann aber passieren. Geht ein ganzer Container verloren, ist der Schaden enorm.

5. **Falsche Etikettierung oder Fehlleitung**

   – Wenn ein Paket oder eine Palette falsch beschriftet wird, landet es im schlimmsten Fall in einem anderen Land oder bei einem falschen Kunden. Während du aufklären musst, wo die Sendung abgeblieben ist, entstehen zusätzliche Kosten und Zeitverlust.

6. **Verzögerungen durch Zoll und Bürokratie**

   – Fehlen wichtige Dokumente oder sind sie fehlerhaft, kann deine Lieferung beim Zoll steckenbleiben. Das führt nicht nur zu Wartezeiten, sondern erhöht auch das Risiko für Beschädigungen in ungeeigneten Zwischenlagern.

All diese Szenarien haben eines gemeinsam: Sie können hohe finanzielle Schäden verursachen und deinen Ruf bei Kunden und Geschäftspartnern beeinträchtigen. Wenn eine Lieferung lange ausbleibt oder beschädigt ankommt, wirst du unter Umständen haftbar gemacht oder musst für Ersatz sorgen. Fehlt der passende Versicherungsschutz, drohen erhebliche Verluste.

Was passiert bei Schäden oder Verlusten während des Transports?

Kommt es tatsächlich zu einem Schaden oder Verlust, ist die erste Frage: Wer haftet dafür? Oft ist die Haftung in nationalen oder internationalen Transportabkommen geregelt, wie etwa den „Haager Regeln" (bei Seefracht) oder dem „CMR-Übereinkommen" (bei Straßentransporten). Diese Bestimmungen legen fest, in welchem Rahmen das Transportunternehmen haftet. Allerdings sind die Entschädigungen pro Kilo häufig gedeckelt und liegen oft weit unter dem tatsächlichen Wert teurer Güter.

Das bedeutet, dass du zwar formal einen Schadenersatzanspruch gegenüber dem Transportunternehmen hast, dieser Betrag aber nicht einmal ansatzweise den Wert deiner Ware decken muss. Häufig ist es so, dass das Transportunternehmen gar nicht haftet, wenn es den Schaden nicht selbst verschuldet hat oder wenn „höhere Gewalt" (z. B. ein Sturm) im Spiel war. Dann bleibst du auf allen Kosten sitzen.

Zusätzlich ist die Abwicklung eines solchen Schadenfalls mit viel Aufwand verbunden. Du musst zahlreiche Dokumente zusammenstellen, Schadenmeldungen einreichen, Gutachten beibringen und im Zweifelsfall rechtlich gegen das Transportunternehmen vorgehen. Das kostet Zeit und Nerven. Und währenddessen musst du bereits für Ersatzlieferungen sorgen oder deinen

Kunden erklären, warum ihre Bestellung später oder gar nicht kommt.

Gerade für kleine oder frisch gegründete E-Commerce-Firmen kann ein solcher Zwischenfall schnell existenzbedrohend werden, wenn es sich um eine große Lieferung oder besonders wertvolle Produkte handelt. Da hilft es, wenn man eine Transportversicherung hat, die solche Kosten trägt und den bürokratischen Ablauf deutlich vereinfacht.

Wie eine Transportversicherung deine Ware in jeder Phase schützt

Eine Transportversicherung – manchmal auch als Warenversicherung bezeichnet – schließt die Lücken, die durch die begrenzte Haftung der Spediteure entstehen. Sie begleitet deine Ware in jeder Phase der Lieferkette, von der Abholung beim Lieferanten über mögliche Umschlagplätze und Lager bis hin zum endgültigen Bestimmungsort.

Es gibt verschiedene Arten von Transportversicherungen:

1. **Einzelpolice**

   – Diese Variante wird abgeschlossen, wenn du nur gelegentlich einen Transport versicherst und exakt weißt, wann und wie er stattfindet. Für E-Commerce-Unternehmen, die regelmäßig Waren bewegen, ist das oft zu aufwendig.

2. **Generalpolice**

   – Sie eignet sich für Unternehmen, die häufiger oder sogar permanent Waren versenden. Alle Transporte innerhalb eines bestimmten Zeitraums – zum Beispiel ein Jahr – sind darin versichert. Der Versicherer passt die Konditionen an dein spezifisches Risikoprofil an.

3. **Klauselversicherungen**

    – Diese stützen sich auf bestimmte Vertragsklauseln, wie die „Institute Cargo Clauses" (ICC). Hier gibt es Unterschiede zwischen A, B und C: Klausel A bietet in der Regel den umfassendsten „All-Risk"-Schutz, während B und C Einschränkungen haben.

Der große Vorteil: Bei einer Transportversicherung musst du nicht nachweisen, wer den Schaden verursacht hat. Entscheidend ist, dass deine Ware in der versicherten Zeit und im versicherten Umfang beschädigt wurde oder verloren ging. Je nach Police werden auch Folgeschäden versichert, beispielsweise wenn verderbliche Ware entsorgt werden muss, weil sich der Transport verzögert hat.

Leistungsumfang einer Transportversicherung

Der genaue Leistungsumfang hängt von der jeweiligen Police ab. In der Regel deckt eine Transportversicherung:

1. **Beschädigung durch unsachgemäße Behandlung**

    – Fällt ein Paket vom Förderband oder kippt eine Palette um, übernimmt die Versicherung die Kosten für Reparaturen oder die Wiederbeschaffung.

2. **Diebstahl und Raub**

    – Wird deine Ware unterwegs gestohlen, erhältst du eine Entschädigung in Höhe des Warenwerts (abzüglich eventuell vereinbarter Selbstbeteiligungen).

3. **Höhere Gewalt**

    – Naturkatastrophen wie Stürme, Überschwemmungen oder Erdbeben sind typische Beispiele. Wird deine Lieferung dadurch beschädigt, greift die Versicherung, sofern sie in der Police nicht ausdrücklich ausgeschlossen sind.

4. **Unfälle des Transportmittels**

   – Ob LKW, Schiff, Flugzeug oder Bahn: Wenn ein Unfall passiert und deine Ware in Mitleidenschaft gezogen wird, kommt die Versicherung für den Schaden auf.

5. **Schäden durch Temperatur- oder Feuchtigkeitseinflüsse**

   – Bei empfindlichen Gütern wie Lebensmitteln oder Elektronik ist es wichtig, dass bestimmte Temperatur- und Feuchtigkeitsbedingungen eingehalten werden. Einige Policen decken den Schaden ab, wenn diese Bedingungen nicht eingehalten wurden. Allerdings ist oft festgelegt, dass du als Versicherungsnehmer entsprechende Vorkehrungen getroffen haben musst (z. B. korrekte Kühlkette).

Beachte, dass es in vielen Policen bestimmte Ausschlüsse gibt. So kann der Versicherer die Deckung verweigern, wenn du fahrlässig gehandelt hast oder dich nicht an vorher vereinbarte Sicherheitsmaßnahmen gehalten hast. Auch unzureichende Verpackung ist häufig ein Problem. Lies dir also stets die Vertragsbedingungen genau durch.

Tipps zur Auswahl der richtigen Transportversicherung

1. **Analyse des Risikoprofils**

   – Welche Produkte versendest du? Handelt es sich um sensible oder leicht beschädigbare Waren? Sind sie besonders teuer? Welche Länder oder Routen sind betroffen? Je nach Antwort brauchst du unterschiedliche Deckungsumfänge.

2. **Mehrere Angebote vergleichen**

– Nicht jeder Versicherer hat Erfahrung mit E-Commerce und globaler Logistik. Hole dir deshalb von mehreren Anbietern Offerten ein und achte auf den Leistungsumfang, mögliche Ausschlüsse und das Kleingedruckte.

3. **Klauseln prüfen**

– Die sogenannten Institute Cargo Clauses (ICC) unterscheiden sich in A, B und C. ICC A ist in der Regel der umfassendste Schutz, während B und C Einschränkungen bei den versicherten Risiken haben.

4. **Weltweite Gültigkeit**

– Wenn du in mehrere Länder versendest, sollte die Police weltweit gelten oder zumindest in den Regionen, in denen du aktiv bist.

5. **Deckungssumme**

– Die Deckungssumme bestimmt, bis zu welchem Wert ein Schaden erstattet wird. Bei teuren Gütern kann es notwendig sein, die Summe besonders hoch anzusetzen. Prüfe regelmäßig, ob die Deckung zu deinem aktuellen Umsatz und deinem Warenwert passt.

6. **Selbstbeteiligung**

– Eine höhere Selbstbeteiligung kann die Versicherungsprämien senken, bedeutet aber auch, dass du bei kleineren Schäden selbst zahlen musst. Finde ein gesundes Gleichgewicht.

7. **Service und Schadensabwicklung**

– Im Ernstfall willst du schnell Hilfe. Achte darauf, dass der Versicherer für seine faire und zügige Schadensabwicklung bekannt ist. Ein guter Kundenservice kann im Schadensfall Gold wert sein.

Prävention: So schützt du deine Ware schon vor dem Transport

Versicherung ist wichtig, aber ebenso gilt: Vorsorge ist besser als Nachsorge. Mit einigen präventiven Maßnahmen kannst du das Schadensrisiko deutlich verringern:

1. **Qualität der Verpackung**

   – Investiere in stabile, wetterfeste und stoßsichere Verpackungen. Das Polstermaterial und Feuchtigkeitsschutz sind entscheidend, gerade bei Elektronik oder zerbrechlichen Produkten. Informiere dich auch über internationale Verpackungsstandards wie ISPM 15, insbesondere wenn du Holzpaletten oder Holzkisten verwendest.

2. **Kennzeichnung und Dokumentation**

   – Beschrifte jedes Paket deutlich und sorge dafür, dass alle Begleitpapiere korrekt ausgefüllt sind. Führe eine lückenlose Dokumentation darüber, wann und wie deine Ware versendet wurde. So kannst du im Zweifel nachweisen, dass alles ordnungsgemäß war.

3. **Sichere Lagerung**

   – Wenn deine Ware in Zwischenlagern steht, sollte sie vor Diebstahl und Witterungseinflüssen geschützt sein. Prüfe die Sicherheitsstandards dieser Lagerhäuser und ob sie Videoüberwachung oder Zugangskontrollen haben. Bei temperaturempfindlicher Ware musst du sicherstellen, dass Kühlketten eingehalten werden.

4. **Zusammenarbeit mit seriösen Logistikpartnern**

   – Billig ist nicht immer besser. Achte darauf, dass deine Speditionen und Kuriere zuverlässig und erfahren sind. Sie sollten Referenzen vorweisen können und bereits ähnliche Güter verschickt haben.

Ein professioneller Dienstleister weiß, wie er Risiken minimiert.

5. **Regelmäßige Inventur und Bestandskontrollen**

   – So stellst du früh fest, wenn etwas fehlt oder beschädigt ist, und kannst schnell Maßnahmen ergreifen. Je eher ein Schaden entdeckt wird, desto größer sind die Chancen, dass er behoben oder ersetzt werden kann.

Was tun im Schadensfall?

Kommt es trotz aller Vorsichtsmaßnahmen zu einem Schaden oder Verlust, solltest du folgende Schritte beachten:

1. **Ruhe bewahren**

   – Panik hilft nicht. Fange an, den Schaden gründlich zu dokumentieren. Mache Fotos, sammle Zeugenaussagen und notiere dir Ort, Zeit und die Umstände des Vorfalls.

2. **Schadensmeldung an den Versicherer**

   – Informiere deinen Versicherer oder Versicherungsmakler umgehend. Viele Policen sehen vor, dass du den Schaden innerhalb weniger Tage melden musst. Versäumst du das, kann die Versicherung die Leistung verweigern.

3. **Zusammenarbeit mit Gutachtern**

   – In der Regel schickt der Versicherer einen Sachverständigen, der den Schaden begutachtet. Stelle ihm alle notwendigen Unterlagen bereit (Frachtbriefe, Lieferscheine, Rechnungen etc.).

4. **Meldung beim Transportunternehmen**

   – Auch das Transportunternehmen muss von dem Vorfall erfahren. Es kann sein, dass es seinerseits haftet oder eigene Versicherungsansprüche geltend machen kann.

5. **Kunden informieren**

   – Wenn es sich um Ware handelt, die an Kunden verschickt werden sollte, ist Transparenz wichtig. Erzähle ihnen, warum die Lieferung verspätet ist oder nicht mehr stattfinden kann. Guter Kundenservice bewahrt dir das Vertrauen deiner Käufer.

6. **Auswertung und Optimierung**

   – Nach der Schadensabwicklung solltest du prüfen, wie es zu dem Vorfall kam und was du in Zukunft verändern kannst. Vielleicht musst du deinen Verpackungsprozess verbessern oder einen anderen Spediteur wählen.

Die Rolle des Versicherungsmaklers

Gerade für Unternehmen, die wachsen oder komplexe Lieferketten haben, kann ein unabhängiger Versicherungsmakler eine große Hilfe sein. Dieser kennt den Markt, weiß, welche Versicherer sich auf E-Commerce spezialisiert haben, und kann mehrere Angebote vergleichen. Häufig übernimmt er auch die Kommunikation mit dem Versicherer und steht dir im Schadensfall beratend zur Seite. Das spart dir Zeit und Nerven, sodass du dich auf dein Kerngeschäft konzentrieren kannst.

Die Logistik mag oft der schwächste Punkt im E-Commerce sein, doch das heißt nicht, dass du dich damit abfinden musst. Mit einer gezielten Transport- und Warenversicherung schützt du dich vor den größten finanziellen Risiken, die beim Versand deiner Produkte auftreten können. Denn eine einzige große Lieferung, die verloren geht oder beschädigt wird, kann schnell existenzbedrohend werden.

Wichtig ist jedoch, dass du dich nicht allein auf die Versicherung verlässt. Eine solide Prävention – von der Verpackung über die Auswahl seriöser Logistikpartner bis hin zu klarer Dokumentation – verringert bereits das Risiko und kann Schäden verhindern. Die Transportversicherung ist dann dein Sicherheitsnetz, wenn trotz aller Vorsichtsmaßnahmen etwas schiefläuft.

Indem du dich frühzeitig mit dem Thema auseinandersetzt und deine Police sorgfältig auswählst, sorgst du für eine belastbare Grundlage. Das stärkt nicht nur deine eigene Risikoposition, sondern auch das Vertrauen deiner Kunden und Geschäftspartner. Denn wer professionell versichert ist und im Ernstfall souverän reagieren kann, beweist Weitsicht und Verlässlichkeit.

So wird aus einer potenziellen Schwachstelle in deinem Geschäftsmodell – der Logistik – ein stabiler Pfeiler deines Unternehmenserfolgs. Mit der richtigen Mischung aus Prävention, Kontrolle und Versicherungsschutz steht dir und deinem E-Commerce-Geschäft auch auf langen Transportwegen nichts mehr im Weg.

„Denke stets daran: Deine Logistik ist nur so stark wie ihr schwächstes Glied. Mit einer passenden Transportversicherung machst du aus einem Risiko einen kalkulierbaren Faktor – und sicherst dir damit einen entscheidenden Wettbewerbsvorteil.“

KAPITEL 10

RECHTLICHE ABSICHERUNG – SCHUTZ VOR ANSPRÜCHEN UND STREITIGKEITEN

Rechtliche Absicherung – Schutz vor Ansprüchen und Streitigkeiten

Die Welt des Unternehmertums und insbesondere des E-Commerce wirkt auf den ersten Blick wie ein aufregendes Spielfeld voller Möglichkeiten: neue Produkte, begeisterte Kunden und schier unendliche digitale Reichweiten. Allerdings lauern hinter dieser glänzenden Fassade auch diverse Risiken. Wenn Produkte nicht halten, was sie versprechen, kann es schnell zu juristischen Auseinandersetzungen kommen. Und spätestens seit Inkrafttreten der Datenschutz-Grundverordnung (DSGVO) fürchten sich viele Unternehmerinnen und Unternehmer vor möglichen Datenschutzverstößen, die mit empfindlichen Bußgeldern geahndet werden können.

In diesem Kapitel widmen wir uns drei zentralen Bausteinen der rechtlichen Absicherung. Erstens geht es um die Produkthaftung und die Frage, was passiert, wenn ein Produkt nicht das leistet, was Kundinnen und Kunden erwarten. Zweitens befassen wir uns mit Datenschutzverstößen und der DSGVO. Wir schauen, wie du dich vor Bußgeldern schützen kannst, indem du grundlegende Anforderungen umsetzt und deine Geschäftsprozesse DSGVO-konform gestaltest. Drittens werfen wir einen Blick darauf, warum eine Rechtsschutzversicherung zum unverzichtbaren Begleiter für all jene geworden ist, die sich effektiv gegen Rechtsstreitigkeiten wappnen wollen.

Ziel ist es, dir einen verständlichen und zugleich tiefgehenden Einblick in die juristischen Gefilde deines Geschäftsalltags zu bieten. Wir möchten deutlich machen, dass „Rechtliches" nicht nur ein notwendiges Übel oder gar ein bürokratisches Schreckgespenst ist. Wenn du dich klug absicherst, hast du die Freiheit, dein Unternehmen mutig weiterzuentwickeln, ohne bei jedem Schritt Angst vor dem nächsten Rechtsstreit haben zu müssen.

Die Bedeutung der rechtlichen Absicherung im E-Commerce

Bevor wir auf die Details zur Produkthaftung, dem Datenschutz und der Rechtsschutzversicherung eingehen, lohnt sich ein kurzer Blick auf die grundsätzliche Bedeutung einer durchdachten rechtlichen Absicherung.

Wachsende Erwartungen und steigende Risiken

Dank globalisierter Märkte und digitaler Vertriebswege können Startups und etablierte Unternehmen gleichermaßen rasch wachsen. Mit dem Wachstum steigt aber auch das **Risikopotenzial**. Gerade im E-Commerce, wo Kundinnen und Kunden oft nur einen Mausklick von einem anderen Online-Shop entfernt sind, ist die Toleranzschwelle für Fehler niedrig. Ein unzufriedener Kunde kann schnell zur Abmahnung greifen oder seine Ansprüche rechtlich durchsetzen wollen, wenn er sich getäuscht oder geschädigt fühlt.

Zudem erfordert das Ausweiten auf internationale Märkte eine genaue Kenntnis der jeweiligen Rechtsvorschriften, sonst drohen teure Strafen oder Bußgelder. Viele Gründerinnen und Gründer begehen den Fehler, sich ausschließlich auf Marketing und Produktentwicklung zu fokussieren, während sie die rechtliche Seite vernachlässigen.

Warum auch kleine Firmen an rechtliche Vorsorge denken sollten

Selbst kleine E-Commerce-Unternehmen oder Solopreneure sind nicht immun gegen Ansprüche, Abmahnungen oder Bußgelder. Wer zum Beispiel Kosmetik herstellt und via Online-Shop vertreibt, kann im Fall von allergischen Reaktionen schnell in die Bredouille geraten: Hier greift das Produkthaftungsrecht. Oder man verarbeitet Kundendaten unsauber und bekommt es mit Aufsichtsbehörden zu tun. Das Motto „Ich bin zu klein, um ins Fadenkreuz zu geraten" stimmt schon lange nicht mehr.

Daher gilt: Schon bei der Gründung, spätestens aber beim ersten größeren Wachstumsschub, solltest du dich intensiv mit der rechtlichen Absicherung befassen. Das spart langfristig Geld, Nerven und vor allem Reputation.

Produkthaftung: Wenn dein Produkt nicht hält, was es verspricht

Unter „Produkthaftung" versteht man im Kern die Verantwortung, die ein Hersteller oder Anbieter für Schäden übernimmt, die durch sein Produkt verursacht werden. Das betrifft physische Produkte ebenso wie digitale Erzeugnisse, Software-Tools oder kosmetische Mittel. In Deutschland wird die Produkthaftung durch unterschiedliche Rechtsgrundlagen geregelt, insbesondere das Produkthaftungsgesetz (ProdHaftG) und das Bürgerliche Gesetzbuch (BGB).

Was genau ist Produkthaftung?

Produkthaftung bedeutet zunächst, dass jemand, der durch ein fehlerhaftes Produkt zu Schaden kommt, **Schadensersatz** fordern kann. Ein „fehlerhaftes Produkt" liegt vor, wenn es nicht die Sicherheit bietet, die man unter Berücksichtigung aller Umstände erwarten darf. Wichtige Fragen sind dabei:

- Wurde das Produkt falsch konstruiert (Konstruktionsfehler)?

- Wurde es unsachgemäß hergestellt (Fabrikationsfehler)?

- Wurde es unzureichend oder falsch gekennzeichnet oder mit unzutreffenden Warnhinweisen versehen (Instruktionsfehler)?

Tritt ein solcher Produktfehler auf und entsteht hierdurch ein Schaden – beispielsweise ein Personenschaden oder ein Sachschaden, kann der Hersteller, Importeur oder gegebenenfalls der Händler haftbar sein. Das Interessante (und teils Beängstigende) an der Produkthaftung ist, dass sie verschuldensunabhängig ist. Das bedeutet, dass dem Hersteller kein persönliches Verschulden (wie Absicht oder Fahrlässigkeit) nachgewiesen werden muss, um Schadensersatzansprüche geltend zu machen.

Praxisbeispiele für Produkthaftung

1. Explodierender Akku

Stell dir vor, du verkaufst Smartphones oder Smartwatch-Akkus in deinem Online-Shop und einer der Akkus explodiert während des Ladevorgangs. Dadurch erleidet der Kunde eine Verletzung. Selbst wenn du die Akkus nur im Ausland zugekauft und nicht selbst hergestellt hast, kannst du in Haftung genommen werden, wenn der Kunde dich als inländischen Händler (Importeur) verklagt.

2. **Verunreinigtes Lebensmittel**

   Vielleicht betreibst du einen kleinen Online-Shop für Feinkost. Eines deiner Produkte ist jedoch durch unhygienische Produktionsbedingungen mit Bakterien verseucht. Mehrere Kunden erkranken deshalb schwer. Auch hier droht eine Haftung für die entstandenen gesundheitlichen Schäden und möglicherweise sogar Schmerzensgeldansprüche.

3. **Kosmetisches Produkt mit falschen Versprechen**

   Du verkaufst eine Hautcreme mit dem Versprechen, dass sie spezielle Allergie-Zertifizierungen hat und keine Reizstoffe enthält. Tatsächlich stellt sich heraus, dass die Creme aber allergieauslösende Stoffe in höherer Konzentration enthält. Kunden bekommen Hautausschläge und klagen auf Schadenersatz und Schmerzensgeld. Auch das kann unter Produkthaftung fallen, insbesondere, wenn Sicherheits- oder Qualitätsversprechen nicht eingehalten werden.

All diese Beispiele zeigen, wie schnell man in ernsthafte Haftungsprobleme gerät, selbst wenn man glaubt, „nur" ein Wiederverkäufer zu sein. Deshalb ist es so wichtig, sämtliche Lieferanten sorgfältig auszuwählen und sich rechtlich abzusichern.

Schutz vor Produkthaftung: Vorbeugen ist besser als heilen

Um sich vor Forderungen wegen Produkthaftung zu schützen, gibt es verschiedene Strategien:

1. **Qualitätssicherung und Zertifizierungen**

   Stelle sicher, dass deine Produkte bestimmten Qualitätsstandards entsprechen. Führe regelmäßige

Kontrollen durch, frage bei Lieferanten genau nach und verlange Zertifikate. Je höher deine eigene Qualitätssicherung, desto geringer das Risiko.

2. **Transparente Kennzeichnung und Instruktion**

Die richtige Kennzeichnung von Produkten (z. B. Warnhinweise, Gebrauchsanleitungen) ist entscheidend. Kunden müssen wissen, wie ein Produkt sicher zu benutzen ist und welche Risiken es birgt. Bei Kosmetik oder Nahrungsergänzungsmitteln ist es wichtig, Inhaltsstoffe klar aufzulisten.

3. **Präzise Produktbeschreibungen im Online-Shop**

Übertreibe nicht in deinen Werbeaussagen und wecke keine falschen Erwartungen. Bleibe sachlich und informiere über mögliche Einschränkungen, damit Kunden ein realistisches Bild bekommen.

4. **Betriebs- und Produkthaftpflichtversicherung**

Eine solche Versicherung schützt dich finanziell und übernimmt die Kosten, wenn doch einmal Ansprüche gestellt werden. Sie kann auch die Abwehr unberechtigter Forderungen unterstützen.

5. **Rückrufmanagement**

Wenn du feststellst, dass eine Charge deines Produkts fehlerhaft ist, solltest du schnell reagieren: Kunden informieren, die betroffenen Produkte zurückrufen und den Fehler beheben. Je professioneller du dabei vorgehst, desto weniger Schaden nimmst du auf langfristige Sicht (auch in puncto Reputation).

Der Faktor „Importeur-Haftung"

Im E-Commerce sind viele Händler gar keine Hersteller, sondern lassen Produkte beispielsweise in Asien produzieren und importieren sie dann nach Deutschland oder in andere EU-Länder. Wichtig zu wissen: Als Importeur hast du rechtlich oft den gleichen Status wie ein Hersteller. Das heißt, wenn das Produkt fehlerhaft ist und in Europa Schaden anrichtet, kann der Geschädigte dich verklagen, weil du das Produkt „in den Europäischen Wirtschaftsraum eingeführt" hast.

Daher ist es essenziell, mit zuverlässigen Partnern zusammenzuarbeiten und die Qualität der Waren zu prüfen. Auch vertragliche Regelungen mit dem außereuropäischen Produzenten können sich lohnen, um bei Schadensfällen Regressansprüche durchsetzen zu können.

Datenschutzverstöße und die DSGVO: Wie du dich vor Bußgeldern schützt

Der Datenschutz ist zu einem zentralen Thema geworden – nicht nur in der EU, sondern weltweit. Die DSGVO hat hier in Europa Maßstäbe gesetzt und zieht globale Kreise. Ob Kleinstunternehmen oder Großkonzern: Wer personenbezogene Daten von EU-Bürgern verarbeitet, muss sich an diese Regeln halten.

DSGVO – kurz erklärt

Die Datenschutz-Grundverordnung (DSGVO) ist ein europäisches Regelwerk, das seit Mai 2018 gilt. Ihr Ziel ist es, die Rechte der Verbraucher hinsichtlich ihrer persönlichen Daten zu stärken. „Personenbezogene Daten" sind alle Informationen, die sich auf eine identifizierbare Person beziehen – also Name, Adresse, E-Mail, Telefonnummer, aber auch IP-Adresse oder Standortdaten. Wer solche Daten erhebt, speichert oder verarbeitet, muss gewisse **Grundsätze** beachten:

1. **Rechtmäßigkeit und Transparenz:** Es muss eine Rechtsgrundlage für die Datenerhebung geben (z.

B. Einwilligung, Vertragserfüllung). Die Betroffenen müssen klar und verständlich informiert werden.

2. **Zweckbindung:** Daten dürfen nur für den Zweck verwendet werden, für den sie erhoben wurden.

3. **Datenminimierung:** Nur so viele Daten erheben wie unbedingt nötig.

4. **Integrität und Vertraulichkeit:** Technische und organisatorische Maßnahmen, um die Sicherheit der Daten zu gewährleisten.

5. **Rechenschaftspflicht:** Du musst nachweisen können, dass du diese Grundsätze einhältst.

Verstöße gegen die DSGVO können empfindliche Bußgelder nach sich ziehen – bis zu 20 Millionen Euro oder vier Prozent des globalen Jahresumsatzes, je nachdem, welcher Betrag höher ist. Das sollte man im Hinterkopf behalten, auch wenn viele Bußgelder im praktischen Alltag niedriger angesetzt werden.

Typische Datenschutzverstöße in E-Commerce-Betrieben

- Fehlende oder unvollständige Datenschutzerklärung

  Häufig haben Online-Shops nur eine rudimentäre Datenschutzerklärung, in der nicht genau angegeben wird, welche Daten erhoben werden (z. B. IP-Adressen, Cookies, Tracking-Tools) und wie lange sie gespeichert werden.

- Unzulässige Newsletter-Anmeldungen

  Viele Shops versenden Newsletter an Personen, die nicht eindeutig eingewilligt haben (Double-Opt-In ist hier verpflichtend). Das ist ein klarer Verstoß gegen die DSGVO.

- Unsichere Datenübertragung

  Werden Passwörter oder Zahlungsinformationen über eine unverschlüsselte Verbindung übertragen, ist das ein großes Sicherheitsrisiko und kann als Verstoß gegen die Verpflichtung zur Datensicherheit gewertet werden.

- Speicherung unnötiger Daten

  Einige Shop-Systeme speichern Daten über Jahre hinweg ohne Rechtsgrund. Die DSGVO verlangt jedoch, dass personenbezogene Daten nur so lange aufbewahrt werden, wie es für den Zweck nötig ist.

- Datenweitergabe an Dritte ohne Hinweis

  Nutzt du externe Dienstleister für den Versand von Werbemails oder Payment-Services und teilst dafür Kundendaten, musst du die Betroffenen informieren und vertragliche Vereinbarungen (Auftragsverarbeitungsvertrag) abschließen.

Wie du dich vor Bußgeldern schützt: Die wichtigsten Maßnahmen

1. **Erstelle eine wasserdichte Datenschutzerklärung**

   Sie sollte klar, verständlich und aktuell sein. Darin erklärst du, welche Daten du verarbeitest, warum du sie brauchst, wie lange du sie speicherst und ob du sie an Dritte weitergibst. Erkläre auch, welche Rechte Nutzer haben (Auskunft, Löschung, Widerspruch).

2. **Double-Opt-In-Verfahren beim Newsletter**

   Stelle sicher, dass Nutzer den Newsletter erst dann bekommen, wenn sie sich in einer Bestätigungs-E-Mail aktiv anmelden. So hast du einen Nachweis, dass sie wirklich eingewilligt haben.

3. **Sichere Datenverbindungen (HTTPS)**

   Verwende SSL/TLS-Verschlüsselung in deinem Online-Shop. Das zeigt sich in der Browserzeile am

„https: //" und einem kleinen Schloss-Symbol. So werden Zahlungsinformationen und Kundendaten geschützt übertragen.

4. **Verzeichnis von Verarbeitungstätigkeiten führen**

   Die DSGVO verlangt, dass du dokumentierst, welche Daten du wie und wozu verarbeitest. Dieses interne Dokument musst du auf Verlangen der Behörden vorlegen können.

5. **Auftragsverarbeitungsverträge (AVV)**

   Wenn du externe Dienstleister einsetzt (z. B. Payment-Anbieter, Newsletter-Tools, Cloud-Dienstleister), benötigst du schriftliche Vereinbarungen, in denen diese sich verpflichten, DSGVO-konform zu handeln.

6. **Löschkonzept und Datensparsamkeit**

   Überlege genau, welche Daten du wirklich brauchst. Errichte Routinen, um unnötige Daten regelmäßig zu löschen oder zu anonymisieren. Das reduziert dein Haftungsrisiko.

7. **Sensibilisiere dein Team**

   Oft entstehen Datenschutzverstöße durch menschliche Fehler: falscher Umgang mit Kundendaten, unzureichendes Passwort-Management, leichtfertige Weitergabe von Informationen. Schule deine Mitarbeiterinnen und Mitarbeiter regelmäßig.

8. **Datensicherheitsmaßnahmen**

   Nutze Firewalls, Virenscanner und sichere Passwörter. Implementiere Zugriffsrechte: Nicht jeder Mitarbeiter muss auf alle Daten zugreifen können. Bei besonders kritischen Daten sollten zusätzliche Sicherheitsmaßnahmen eingeführt werden.

Was tun, wenn doch ein Verstoß eintritt?

Die DSGVO schreibt vor, dass du Datenpannen – also Verstöße, die zu einem Risiko für die Rechte Betroffener führen – innerhalb von 72 Stunden der zuständigen Datenschutzbehörde melden musst. Auch die Betroffenen sind zu informieren, wenn ein hohes Risiko besteht (etwa wenn Kreditkartendaten in falsche Hände geraten).

Egal, wie unangenehm das ist: Offenheit kann hier Schadensbegrenzung betreiben. Eine ehrliche Kommunikation signalisiert, dass du das Problem ernst nimmst und bemüht bist, es schnell zu lösen. Zugleich solltest du die Ursachen ermitteln und sofort Maßnahmen ergreifen, um künftige Vorfälle zu vermeiden. So kann man das Bußgeld verringern und einen Reputationsschaden eindämmen.

Warum eine Rechtsschutzversicherung unverzichtbar ist

Selbst wenn du alle Vorkehrungen triffst – sei es in puncto Produkthaftung oder Datenschutz –, kannst du nicht jedes Restrisiko ausschließen. Ein Kunde fühlt sich benachteiligt, ein Wettbewerber mahnt dich ab, ein Partnerunternehmen bricht Verträge ... In solchen Fällen kann es rasch zum Rechtsstreit kommen. Und Rechtsstreitigkeiten sind nicht nur nervenaufreibend, sondern auch teuer.

Eine Rechtsschutzversicherung hilft dir, das finanzielle Risiko zu begrenzen. Sie übernimmt – je nach Vertrag – die Kosten für Anwälte, Sachverständige, Gerichte und im Ernstfall sogar Strafkautionen, soweit diese in deinem Tarif abgedeckt sind.

Welche Bereiche können abgedeckt sein?

Rechtsschutzversicherungen gibt es in verschiedenen Ausführungen. Für Selbstständige und Unternehmen sind vor allem diese Bereiche interessant:

1. **Allgemeiner Firmenrechtsschutz**

   Er deckt typische Rechtsstreitigkeiten ab, die im Geschäftsalltag auftreten können. Beispiel: Streit um offene Rechnungen, Vertragsverletzungen mit Lieferanten oder rechtliche Auseinandersetzungen mit Mitarbeitern.

2. **Wettbewerbsrechtsschutz**

   Speziell im E-Commerce ist das Wettbewerbsrecht relevant. Hier geht es um Abmahnungen, weil du angeblich gegen das Lauterkeitsrecht oder Markenrecht verstoßen hast.

3. **Strafrechtsschutz**

   Wenn dir fahrlässige Verstöße (z. B. fahrlässige Körperverletzung bei einem Produktfehler) vorgeworfen werden, kann eine gute Rechtsschutzversicherung dich auch in strafrechtlichen Angelegenheiten unterstützen.

4. **Arbeitsrechtsschutz**

   Sobald du Mitarbeiter beschäftigst, kannst du schnell in Konflikte um Kündigungen, Abmahnungen oder Lohnzahlungen geraten. Ein arbeitsrechtlicher Streit kann kostenintensiv sein.

5. **Verwaltungsrechtsschutz**

   Gerade bei Datenschutzthemen oder Genehmigungsverfahren kann es sein, dass du gegen Bescheide der Verwaltung klagen musst. Ein Verwaltungsrechtsschutz deckt die entsprechenden Prozesskosten.

Welche Module sinnvoll sind, hängt von deinem Geschäftsmodell und deiner Unternehmensgröße ab. Ein guter Makler oder eine kompetente Versicherung berät dich hier, um ein passendes Paket zu schnüren.

Was leistet eine Rechtsschutzversicherung konkret?

- **Übernahme von Anwaltskosten:** Je nach Fall können die Gebühren für spezialisierte Anwälte im Wettbewerbs- oder Datenschutzrecht sehr hoch sein.

- **Gerichtskosten:** Diese summieren sich schnell, insbesondere wenn mehrere Instanzen durchlaufen werden.

- **Kosten für Sachverständige/Gutachter:** In Fällen von Produkthaftung kann ein technisches Gutachten nötig sein. Bei Datenschutzverstößen womöglich ein IT-Forensiker.

- **Mediation:** Manche Versicherungen bieten auch alternative Streitbeilegungsverfahren an. Mediation ist oft schneller und preiswerter als ein Gerichtsprozess – und die Versicherung übernimmt die Kosten.

- **Kautionsstellung:** In schweren Fällen, wenn z. B. strafrechtliche Vorwürfe (etwa bei Gesundheitsgefährdungen durch ein Produkt) im Raum stehen, kann die Versicherung eine Kaution hinterlegen.

Grenzen und Ausschlüsse

Eine Rechtsschutzversicherung ist kein Freifahrtschein für jede Art von Streit. Üblicherweise gibt es Wartezeiten (oft drei Monate), bevor der Versicherungsfall eintritt. Auch sind bestimmte Bereiche häufig ausgeschlossen, zum Beispiel vorsätzliche Straftaten oder bereits laufende Rechtsstreitigkeiten zum Zeitpunkt des Versicherungsabschlusses. Es lohnt sich, die Bedingungen genau zu prüfen und sich gegebenenfalls unabhängig beraten zu lassen.

Zudem sind Patent- und Markenstreitigkeiten manchmal nur eingeschränkt versichert oder erfordern eine zusätzliche Klausel. Gerade im E-Commerce kann das relevant sein, wenn du eigene Markenrechte durchsetzen oder dich gegen Vorwürfe von Markenverletzungen wehren musst.

Die Rolle des Rechtsanwalts oder der Anwaltskanzlei

Selbst wenn du versichert bist, brauchst du einen guten Anwalt, der dich berät. Viele Unternehmen warten damit, sich anwaltlichen Rat zu holen, bis das Kind in den Brunnen gefallen ist. Klüger ist es, schon im Vorfeld juristische Expertise einzuholen – etwa bei der Erstellung von AGB, beim Datenschutz oder bei Produktkennzeichnungen. Ein proaktiver Ansatz verhindert teure Fehler und minimiert das Risiko für Abmahnungen und Klagen.

So handelst du im Ernstfall: Tipps für den Krisenmodus

Egal, ob dir ein Datenschutzverstoß vorgeworfen wird oder Kunden Schadensersatz wegen eines fehlerhaften Produkts fordern: In der Akutsituation zählt vor allem eine rasche, überlegte Reaktion. Hier ein paar Grundprinzipien, um die Lage unter Kontrolle zu behalten:

1. **Ruhe bewahren**

   Hektische Schuldzuweisungen oder Panikmache verschlimmern meist nur die Situation. Sammle stattdessen alle Fakten und Dokumente, um einen kühlen Kopf zu bewahren.

2. **Sofortiges Krisenmanagement**

   Richte einen internen Krisenstab ein oder beauftrage eine externe Kanzlei, die dich berät. Definiere

Zuständigkeiten: Wer kommuniziert mit Kunden, wer mit der Presse, wer mit Behörden?

3. Dokumentation

Dokumentiere akribisch alle Schritte, E-Mails, Telefonate und Maßnahmen, die du ergreifst. So kannst du später belegen, wie du reagiert hast.

4. Zeitnaher Kontakt zur Versicherung

Informiere deine Rechtsschutz- oder Haftpflichtversicherung schnellstmöglich. Viele Versicherer haben spezielle Notfall-Hotlines oder Online-Schadenformulare.

5. Absprachen treffen

Falls Anwälte, Versicherer oder Sachverständige eingebunden sind, ist es wichtig, dass du nur in Rücksprache mit ihnen wichtige Aussagen machst oder Entscheidungen triffst. Unbedachte Stellungnahmen können rechtliche Nachteile erzeugen.

6. Offenheit gegenüber Behörden

Gerade bei Datenschutzverstößen oder Produkthaftungsfällen kann eine kooperative Haltung Pluspunkte bringen. Eine aktive Mitarbeit zeigt den Behörden, dass du den Fall ernst nimmst und an einer schnellen Lösung interessiert bist.

7. Lehren ziehen

Wenn der Sturm vorüber ist, ist es Zeit für eine Aufarbeitung. Führe eine Post-Mortem-Analyse durch: Was hat gut funktioniert, was muss verbessert werden, um ähnliche Vorfälle in Zukunft zu vermeiden?

Konkrete Schritte zur langfristigen Rechtssicherheit

Theoretisch könnten wir es uns einfach machen und sagen: „Kümmere dich umfassend um deine rechtliche

Absicherung." Aber was bedeutet das konkret? Hier ein paar **Praxisschritte**, die du implementieren kannst, um langfristig auf der sicheren Seite zu stehen:

1. **Rechtscheck deiner Webseite und AGB**

   ▷ Prüfe Impressum, Datenschutzerklärung, Widerrufsbelehrung und Allgemeine Geschäftsbedingungen (AGB) mit fachkundiger Hilfe.

   ▷ Aktualisiere sie regelmäßig, denn Gesetzesänderungen oder neue Rechtsprechung ändern oft die Anforderungen.

2. **Internes Risiko-Management**

   ▷ Lege fest, wer im Unternehmen für Rechtsfragen zuständig ist. Ist es ein einzelner Mitarbeiter oder eine spezialisierte Abteilung?

   ▷ Überlege, welche Risiken besonders groß sind (z. B. Produkthaftung bei empfindlichen Produkten, Datenschutz bei sensiblen Kundendaten).

   ▷ Erstelle eine Liste von Maßnahmen, um diese Risiken zu minimieren.

3. **Verträge prüfen**

   ▷ Schließe solide Verträge mit Lieferanten und Kooperationspartnern ab, in denen Haftungsfragen, Qualitätsstandards und Rückrufverpflichtungen geregelt sind.

   ▷ Achte auf klare Klauseln zur Geltung deiner AGB.

4. **Prozessabläufe standardisieren**

   ▷ Definiere Workflows für die Qualitätssicherung von Produkten (z. B. Prüfungen, Dokumentation, Freigabeschritte).

   ▷ Erstelle Checklisten, wie Kundendaten korrekt verarbeitet werden.

▷ Sorge für revisionssichere Dokumentation aller relevanten Vorgänge.

5. **Fortlaufende Schulungen**

▷ Sensibilisiere deine Mitarbeiter. Zum Beispiel kann eine fehlende Mitarbeiterschulung zu erheblichen Datenschutzrisiken führen, wenn ein Angestellter unbedacht Kundendaten herausgibt.

▷ Halte regelmäßig Info-Sessions oder Workshops zu Rechtsfragen ab.

6. **Regelmäßige Audits**

▷ Ziehe alle paar Jahre (oder sogar jährlich) einen externen Auditor oder eine Kanzlei zurate, die dein Unternehmen auf rechtliche Schwachstellen prüft.

▷ Das können Datenschutz-Audits, Qualitätsprüfungen oder „Mystery Shopping"-Tests sein, um festzustellen, ob deine Prozesse DSGVO- und produktechnisch sauber laufen.

7. **Versicherungen auf dem neuesten Stand halten**

▷ Prüfe regelmäßig deine Versicherungsverträge. Dein Unternehmen entwickelt sich weiter, und du benötigst möglicherweise höhere Deckungssummen oder zusätzliche Bausteine.

▷ Hole dir bei Bedarf verschiedene Angebote ein, um das beste Preis-Leistungs-Verhältnis zu finden.

Wichtige Rechtsgrundlagen im Überblick

Eine kleine Zusammenstellung relevanter Gesetze und Vorschriften, die im E-Commerce und bei der Produkthaftung von Bedeutung sind:

- **BGB (Bürgerliches Gesetzbuch):** Regelt unter anderem Kaufvertrag, Mängelhaftung und Gewährleistung.

- **Produkthaftungsgesetz (ProdHaftG):** Legt die verschuldensunabhängige Haftung des Herstellers/Importeurs bei fehlerhaften Produkten fest.

- **DSGVO (Datenschutz-Grundverordnung):** EU-weite Regelungen für den Umgang mit personenbezogenen Daten.

- **Telemediengesetz (TMG):** Enthält Vorgaben für Impressum und Informationspflichten im Online-Bereich (anwendbar bis zur vollständigen Ablösung durch den Medienstaatsvertrag, aber immer noch relevant).

- **Unfair Commercial Practices Directive (UCPD):** Europäische Richtlinie gegen unfaire Geschäftspraktiken, die in Deutschland durch das Gesetz gegen den unlauteren Wettbewerb (UWG) umgesetzt wurde.

- **Markenrecht und Geschmacksmusterrecht:** Relevant, wenn du eigene Marken eintragen willst oder dich gegen Markenverletzungen wehren musst.

Es lohnt sich, zumindest eine grobe Kenntnis dieser Gesetze zu haben oder einen Rechtsbeistand zu konsultieren, der die Besonderheiten deines Geschäfts im Blick hat.

Blick in die Zukunft: Wachsende Bedeutung der Rechtssicherheit

Die fortschreitende Digitalisierung und Globalisierung machen den E-Commerce zu einem Sektor stetigen Wandels. Dabei werden die rechtlichen Anforderungen eher komplexer als einfacher. Themen wie Künstliche

Intelligenz, Big Data und automatisierte Produktion werfen neue Fragen auf: Wer haftet, wenn eine KI-basierte Produktempfehlung zu einem gesundheitlichen Schaden führt? Wie sieht es mit der Haftung für autonome Lieferfahrzeuge aus?

Auch der Datenschutz entwickelt sich weiter. Neue Technologien wie Gesichtserkennung oder biometrische Verfahren verlangen detaillierte Datenschutzkonzepte. Die Behörden haben signalisiert, dass sie bei schweren Verstößen keine Milde walten lassen werden.

Für Unternehmen bedeutet das: Rechtssicherheit wird zu einem **echten Wettbewerbsfaktor**. Kunden legen Wert auf Transparenz und wollen sich sicher sein, dass ihre Daten nicht missbraucht werden. Investoren achten darauf, dass Unternehmen keine ticking time bombs im Bereich Produkthaftung oder Datenschutz in sich tragen. Und wenn eine Firma expandieren möchte, kann mangelnde Compliance zum Showstopper werden.

Mit kluger Absicherung in die Zukunft

Produkthaftung, Datenschutz und Rechtsschutz – diese drei Themen wirken auf den ersten Blick sperrig, wirken aber tief in den Geschäftsalltag hinein. Ein fehlerhaftes Produkt oder ein Nachlässigkeitsfehler beim Datenschutz kann zu teuren Klagen, Bußgeldern und Imageschäden führen. Wer jedoch frühzeitig handelt, strukturiert vorgeht und sich passende Versicherungs- und Compliance-Systeme aufbaut, kann solche Risiken eindämmen.

Das oberste Gebot: **Proaktivität**. Sieh rechtliche Anforderungen nicht als lästige Hürde, sondern als Qualitätsmerkmal. Wenn du zeigst, dass du deine Hausaufgaben machst – vom lückenlosen Produkt-Safety-Check über eine DSGVO-konforme Webseite bis hin zu einer umfassenden Rechtsschutzversicherung –, gewinnst du das Vertrauen von Kunden, Partnern und Investoren. Du kannst dich voll darauf konzentrieren, dein Business zu entwickeln, weil du weißt, dass du im Ernstfall gut aufgestellt bist.

Key Take-aways

1. **Produkthaftung**: Achte auf Konstruktion, Herstellung und Kennzeichnung deiner Produkte. Nutze Betriebs- und Produkthaftpflichtversicherungen, prüfe Lieferanten genau und geh verantwortungsvoll mit Rückrufaktionen um, falls es Probleme gibt.

2. **Datenschutz**: Erstelle eine aussagekräftige Datenschutzerklärung, dokumentiere deine Verarbeitungstätigkeiten und sichere alle Datenwege ab. Achte insbesondere auf Newsletter-Opt-Ins und Auftragsverarbeitungsverträge.

3. **Rechtsschutzversicherung**: Sie ist kein Luxus, sondern häufig eine Notwendigkeit. Unterschiedliche Bausteine (Wettbewerbsrecht, Strafrechtsschutz, Arbeitsrechtsschutz etc.) helfen dir, Prozessrisiken zu minimieren.

4. **Prozesse und Audits**: Baue ein internes Qualitätsmanagement auf, führe Risikoanalysen durch und lerne aus Fehlern – so bist du künftigen Herausforderungen besser gewachsen.

5. **Wachsender Bedarf**: Die Digitalisierung wird weiter voranschreiten, und damit steigen auch die rechtlichen Anforderungen. Sieh Rechtssicherheit als Investition, die dir langfristig Stabilität und Wachstum ermöglicht.

Auf den ersten Blick klingt das Thema „Rechtliche Absicherung" vielleicht trocken und aufwändig. Doch genau darin steckt die Chance: Viele Unternehmen nehmen es nicht so genau, stolpern irgendwann über DSGVO-Bußgelder, Produkthaftungsklagen oder Abmahnungen. Indem du diese Stolperfallen umgehst, machst du dich robuster und gewinnst das Vertrauen von Kunden und Geschäftspartnern. Du schaffst dir Freiräume, um dein Unternehmen innovativ und nachhaltig zu führen, ohne ständig Angst vor dem nächsten Fallstrick haben zu müssen.

Bereite dich also gewissenhaft vor, arbeite mit Fachleuten und Versicherern zusammen, stelle interne Prozesse auf solide Füße – und genieße dann die Gewissheit, dass du auch im stürmischen Gewässer der Online-Welt einen klaren Kurs halten kannst. Wenn du das beherzigst, wird dir dieser rechtliche Unterbau nicht nur Sorgen nehmen, sondern sogar neue Perspektiven für Wachstum und kreative Ideen eröffnen. Denn wer sich sicher fühlt, denkt und handelt freier.

KAPITEL 11:
BETRIEBLICHE KRANKENVERSICHERUNG (BKV) – EIN UNSCHLAGBARES BENEFIT

Betriebliche Krankenversicherung (BKV) – Ein unschlagbares Benefit

In einer Welt, in der die Ansprüche an Unternehmen hinsichtlich Mitarbeiterbindung, Gesundheitsvorsorge und attraktiven Zusatzleistungen stetig wachsen, rückt die betriebliche Krankenversicherung (BKV) immer stärker in den Fokus. Doch was genau ist die BKV? Warum gewinnt sie gerade jetzt so stark an Bedeutung, und wie kann sie dabei helfen, die Zufriedenheit und Loyalität deiner Mitarbeitenden maßgeblich zu steigern? Und vor allem: Wie lässt sich eine betriebliche Krankenversicherung einfach und effektiv in deinem Unternehmen einführen?

Dieses Kapitel soll dir einen ausführlichen Überblick über all diese Fragen geben. Wir werden die wichtigsten Vorteile der BKV beleuchten, typische Missverständnisse ausräumen und dir zeigen, wie du Schritt für Schritt von diesem spannenden Benefit profitieren kannst. Dabei betrachten wir sowohl die Perspektive der Unternehmensleitung – beispielsweise bei der Frage nach Kosten und Return on Investment – als auch die Sicht der Mitarbeitenden, die nach Mehrwert und Individualität verlangen.

Das Kapitel ist bewusst detailliert und praxisorientiert gehalten, damit du am Ende das notwendige Rüstzeug besitzt, um selbstbewusst in die Verhandlungen mit Versicherern zu starten oder deine Belegschaft vom Nutzen der BKV zu überzeugen. Gleichzeitig wollen wir aber auch die Faszination, die von diesem Thema ausgehen kann, nicht aus den Augen verlieren: Eine betriebliche Krankenversicherung kann mehr sein als nur ein weiterer Posten in der Liste deiner Unternehmensleistungen. Sie kann zu einem Leuchtturmprojekt werden, das die Motivation und Identifikation deiner Teams mit dem Unternehmen nachhaltig stärkt.

Tauchen wir also ein in die Welt der Betrieblichen Krankenversicherung – und zwar so, dass du am Ende Lust hast, sie in deinem Unternehmen einzuführen und gemeinsam mit deinen Mitarbeitenden zu erleben, welchen positiven Unterschied dieses Benefit machen kann.

Was ist die Betriebliche Krankenversicherung (BKV)?

Grundlegende Definition und Abgrenzung

Die Betriebliche Krankenversicherung ist ein **zusätzliches Gesundheitsangebot**, das Unternehmen für ihre Beschäftigten abschließen. Im Kern handelt es sich um eine **private Ergänzungsversicherung**, die auf den gesetzlichen oder privaten Krankenversicherungsschutz der Mitarbeitenden aufsetzt. Das heißt: Die Mitarbeitenden besitzen in aller Regel bereits eine gesetzliche Krankenversicherung (GKV) oder eine private Krankenversicherung (PKV). Die BKV ergänzt den bestehenden Versicherungsschutz jedoch um bestimmte **Leistungen**, die über den üblichen Standard hinausgehen.

Im Unterschied zur privaten Krankenzusatzversicherung, die Angestellte selbstständig abschließen müssten, übernimmt bei der BKV das Unternehmen (zumindest anteilig) die Kosten oder stellt bestimmte Module für alle oder bestimmte Gruppen im Betrieb zur Verfügung. Dadurch profitieren die Mitarbeitenden einerseits von einem erweiterten Gesundheitsschutz – etwa bei Zahnbehandlungen, Heilpraktikerleistungen oder Vorsorgeuntersuchungen – und andererseits von günstigen Konditionen, da die Versicherung kollektiv abgeschlossen wird.

Typische Leistungen, die durch eine BKV abgedeckt werden können

Die Ausgestaltung der BKV-Leistungen ist **variabel**. Je nach Versicherungsanbieter und Unternehmenswunsch lassen sich unterschiedliche Module kombinieren. Zu den häufigsten Bausteinen zählen:

- **Zahnzusatzleistungen**: Hierbei geht es häufig um Zuschüsse für Zahnersatz, Zahnprophylaxe, professionelle Zahnreinigung oder auch kieferorthopädische Behandlungen.

- **Brillen und Sehhilfen**: Viele BKV-Tarife übernehmen Kosten oder Zuschüsse für Sehhilfen (Gläser, Kontaktlinsen) oder Augenlaserbehandlungen.

- **Heilpraktiker und alternative Heilmethoden**: Wer auf Naturheilkunde oder alternative Behandlungsmethoden (Osteopathie, Akupunktur usw.) setzt, kann hierüber entsprechende Zusatzleistungen absichern.

- **Vorsorgeuntersuchungen**: Diese können über den gesetzlichen Rahmen hinausgehen, etwa besondere Krebsvorsorge, Check-ups oder Gesundheitsprogramme.

- **Krankenhaus-Zusatzversicherung**: Darunter fallen Wahlleistungen wie Ein- oder Zweibettzimmer, Chefarztbehandlung oder freie Klinikwahl.

- **Psychologische Beratungsleistungen**: Einige Tarife schließen psychologische Unterstützung, Coaching oder Krisenhotlines mit ein.

- **Gesundheitsmaßnahmen und Prävention**: Gesundheits-Apps, Telemedizin, Online-Sprechstunden, Fitnesschecks oder Impfungen können ebenfalls Teil einer BKV sein.

Die Bandbreite ist also sehr groß, und die BKV kann individuell zusammengestellt werden, sodass sie **maßgeschneidert** zu den Bedürfnissen der Belegschaft und zu den finanziellen Möglichkeiten des Unternehmens passt.

Abgrenzung zu anderen betrieblichen Benefits

Die betriebliche Krankenversicherung ist nicht zu verwechseln mit der betrieblichen Altersvorsorge (bAV), obwohl beide Begriffe durchaus ähnlich klingen und sich beide auf Unternehmensleistungen beziehen. Während die betriebliche Altersvorsorge (bAV) dafür sorgt, dass Mitarbeitende im Ruhestand eine zusätzliche Rente bekommen, beschäftigt sich die BKV mit dem aktuellen Gesundheitsschutz und der Vorsorge im Hier und Jetzt. So gesehen bietet die BKV einen unmittelbaren Nutzen für die Belegschaft, da sie im Alltagsleben wirksam wird und nicht erst in vielen Jahren.

Ein weiteres Unterscheidungsmerkmal ist, dass bei einer BKV häufig keine Gesundheitsprüfung erfolgt – zumindest sofern die Policen im Kollektiv abgeschlossen werden und bestimmte Mindestteilnehmerzahlen erreicht sind. Das bedeutet, dass auch chronisch Kranke oder Mitarbeitende mit bestehenden Erkrankungen aufgenommen werden können, die andernfalls nur erschwert oder gar keinen privaten Zusatzschutz bekämen.

Warum gewinnt die BKV immer mehr an Bedeutung?

Demografische Entwicklung und Fachkräftemangel

Deutschland (und weite Teile Europas) stehen vor einem massiven demografischen Wandel: Die Gesellschaft altert, geburtenstarke Jahrgänge gehen in Rente, und der Fachkräftemangel in bestimmten Branchen ist schon heute deutlich zu spüren. Unternehmen müssen also noch stärker um qualifizierte Mitarbeiter konkurrieren und sich von anderen Arbeitgebern abheben. Eine betriebliche Krankenversicherung ist hier ein hervorragendes Instrument, um potenziellen Bewerbenden Attraktivität zu signalisieren.

Insbesondere jüngere Generationen legen Wert auf ein ganzheitliches Arbeitsumfeld, das über das reine Gehalt hinausgeht. „Work-Life-Balance", „Wellbeing" oder „Corporate Health" sind Begriffe, die in Stellenausschreibungen inzwischen fast Standard sind. Doch neben Obstkörben und Fitnessstudios im Bürokomplex können Unternehmen auch die BKV als echtes Mehrwertpaket bieten, das den Nerv der Zeit trifft und sowohl für Berufseinsteiger als auch für erfahrene Fachkräfte attraktiv ist.

Steigende Gesundheitskosten und Belastungen

Die Gesundheitssysteme in vielen Ländern geraten unter Druck: steigende Kosten, fortschreitende Technologisierung und neue Behandlungsmethoden, die teuer sind, sowie immer mehr chronische Erkrankungen. Viele Menschen fürchten, dass die gesetzliche Krankenversicherung nicht alles abdeckt, was sie brauchen – oder dass sie hohe Eigenanteile selbst tragen müssen. Eine BKV kann die finanzielle Unsicherheit lindern, indem sie beispielsweise hohe Zuzahlungen für Zahnersatz oder Brillen übernimmt.

Zudem fühlen sich Mitarbeitende zunehmend belastet – ob durch Stress, Zeitdruck, körperliche Beanspruchung oder psychischen Stress. Angesichts dessen gewinnen Gesundheitsangebote, die ihnen Sicherheit und Unterstützung geben, einen hohen Stellenwert. Arbeitgeber, die diese Realität ernst nehmen und konstruktiv begegnen, verbessern ihr Image und sorgen dafür, dass sich Mitarbeitende gut aufgehoben fühlen.

Steigerung von Arbeitgeberattraktivität und Markenbildung

Die betriebliche Krankenversicherung kann auch aus Marketing- und Personal-Branding-Sicht punkten. Ein Unternehmen, das sich um die Gesundheit seiner Mitarbeitenden kümmert, wird schnell als verantwortungsvoll und mitarbeiterorientiert wahrgenommen. In Zeiten von sozialen Netzwerken, Bewertungsplattformen und Kununu-Profilen spricht sich das positiv herum.

So kann die BKV ein Alleinstellungsmerkmal (USP) für dein Unternehmen sein: Während viele Firmen mittlerweile Homeoffice-Angebote, flexible Arbeitszeiten oder Zuschüsse zum Mittagessen gewähren, hebt sich ein Betrieb mit einer hochwertigen BKV häufig ab. Bewerber, die ein attraktives Gesundheitsangebot suchen, werden eher dort anheuern, wo dieses vorhanden ist. Gleichzeitig kann sie auch ein Loyalitätsfaktor für bestehende Mitarbeitende sein: Wer weiß, dass er über den Betrieb top versichert ist, wechselt nicht so leicht zur Konkurrenz.

Wie steigert die BKV die Zufriedenheit und Bindung deiner Mitarbeitenden?

Direkter Nutzen für die Belegschaft

Der offensichtlichste Vorteil für die Mitarbeitenden liegt im direkten **Leistungsplus**: Sie erhalten Gesundheitsleistungen, für die sie sonst privat aufkommen müssten oder die in der gesetzlichen Krankenversicherung gar nicht oder nur eingeschränkt enthalten sind. Ob es nun um neue Brillengläser, einen hochwertigen Zahnersatz oder physio-therapeutische Anwendungen geht – die finanzielle Belastung sinkt, und die Mitarbeitenden fühlen sich **rundum besser versorgt**.

Gerade in Zeiten, in denen das Thema Gesundheit sehr präsent ist, gibt es den Mitarbeitenden ein gutes Gefühl, sich nicht alleine auf das Sozialsystem verlassen zu müssen. Damit einher geht auch eine gewisse Sorglosigkeit: Sie müssen nicht erst lange überlegen, ob sie sich eine teure Zahnbehandlung leisten können oder eine alternative Therapie ausprobieren sollen. Die Hemmschwelle, Gesundheitsvorsorge wahrzunehmen, sinkt, was langfristig zu weniger Krankheitstagen und einer insgesamt gesünderen Belegschaft führen kann.

Emotionaler Wert und Wertschätzung

Neben dem materiellen Nutzen spielt auch der emotionale Faktor eine entscheidende Rolle. Mitarbeitende erleben die BKV als Wertschätzung durch ihren Arbeitgeber: „Mein Unternehmen kümmert sich nicht nur um meine Arbeitsleistung, sondern auch um meine Gesundheit und mein Wohlbefinden." Diese Botschaft kann in Zeiten, in denen Burnout und andere Stressfolgen zunehmen, enorm stärkend sein.

Der Effekt lässt sich nur schwer in Zahlen fassen, zeigt sich aber in der Mitarbeiterzufriedenheit. Viele Angestellte berichten, dass sie stolzer auf ihren Arbeitgeber sind und das Betriebsklima positiv beeinflusst wird, wenn Gesundheitsleistungen angeboten werden. Man fühlt sich als wichtiger Teil des Teams, und dieses Zugehörigkeitsgefühl steigert die Bindung ans Unternehmen.

Verringerte Fluktuation und höheres Engagement

Wer sich in einem Unternehmen rundum versorgt fühlt – nicht nur finanziell, sondern auch gesundheitlich –, verlässt es seltener. Die Fluktuationsquote sinkt, und mit ihr die Kosten für Recruiting, Einarbeitung und Know-how-Verlust. Gerade in Branchen mit hohem Wettbewerbsdruck um Talente ist eine BKV ein starkes Argument gegen Abwanderung.

Gleichzeitig kann die BKV eine Leistungskultur fördern, indem sie das Bewusstsein für Gesundheit schärft und die Belegschaft zu mehr Vorsorge und Eigenverantwortung motiviert. Manche Unternehmen kombinieren ihre BKV mit Gesundheitstagen, Workshops zu Ernährung und Sportprogrammen, was den Teamgeist fördert und den Arbeitsalltag auflockert. So wird das Thema Gesundheit fest im Unternehmensalltag verankert, was sich wiederum auf die Arbeitszufriedenheit auswirkt.

Einfache Einführung der BKV in dein Unternehmen: Schritt-für-Schritt-Anleitung

Nun, da wir die Vorteile und Hintergründe beleuchtet haben, stellt sich die Frage: Wie führst du eine BKV in deinem Betrieb konkret ein? Die folgenden Schritte bieten eine Orientierung, damit du den Prozess gut strukturiert angehen kannst.

Schritt 1: Bedarfsanalyse und Zielsetzung

Am Anfang steht eine **Analyse**: Welche Bedürfnisse haben deine Mitarbeitenden? Was ist dein Budget? Welche Ziele verfolgst du? Je konkreter du hier wirst, desto besser kannst du später Angebote vergleichen und ein passendes Paket schnüren.

- **Mitarbeiterumfrage**: Frage deine Belegschaft, welche Leistungen ihnen am wichtigsten wären (z. B.

Zahn, Heilpraktiker, Krankenhauszusatz, Psychotherapie).

- **Budgetrahmen definieren**: Lege fest, wie viel du monatlich pro Mitarbeiter aufwenden kannst oder möchtest.

- **Zielsetzung**: Geht es dir primär um Mitarbeiterbindung, um Branding oder möchtest du Fehlzeiten senken? Diese Ziele beeinflussen die Art der BKV, die du abschließt.

Schritt 2: Marktsondierung und Versicherer auswählen

Nachdem du geklärt hast, was du willst, geht es um die Suche nach dem richtigen Versicherer oder Versicherungsmakler. Der deutsche Markt bietet eine Vielzahl von Anbietern, die sich auf die betriebliche Krankenversicherung spezialisiert haben. Wichtig sind vor allem:

- **Leistungsspektrum**: Passt das Angebot zu deinen Anforderungen und Wünschen?

- **Konditionen und Prämien**: Sind die monatlichen Beiträge für dein Unternehmen realistisch? Gibt es Paketpreise für bestimmte Mitarbeiterzahlen?

- **Mindestteilnehmerzahl**: Viele Versicherungen setzen eine Mindestanzahl an versicherten Personen voraus.

- **Einschlüsse/Ausschlüsse**: Achte genau darauf, ob bestimmte Vorerkrankungen gedeckt sind und welche Wartezeiten gelten.

- **Servicequalität**: Wie gut ist der Kundenservice? Gibt es digitale Portale, über die Mitarbeitende Leistungen abrufen können? Wie schnell wird im Schadensfall reagiert?

Ein Versicherungsmakler kann sehr hilfreich sein, denn er kennt den Markt und kann Angebote vergleichen. Auch das Einholen mehrerer Offerten ist ratsam, um Preise und Leistungen gegenüberzustellen.

Schritt 3: Tarifauswahl und Gestaltung

Viele BKV-Anbieter bieten verschiedene Module an, die du nach Belieben zusammenstellen kannst. Überlege, ob du nur einen Basistarif nimmst (z. B. „Zahn und Brille") oder ob du ein umfassendes Paket willst, das auch ambulante Heilpraktikerleistungen oder Psychotherapie einschließt. Achte auch darauf, wie du den Kostenanteil zwischen Unternehmen und Mitarbeitenden aufteilen möchtest:

- **Arbeitgeberfinanzierte BKV**: Das Unternehmen übernimmt die kompletten Beiträge. Dies wirkt besonders großzügig, kann aber kostspieliger sein.

- **Mitarbeiterfinanzierte BKV**: Die Mitarbeitenden zahlen selbst, profitieren aber von Gruppenkonditionen.

- **Mischfinanzierung**: Das Unternehmen übernimmt einen Teil, z. B. 50 Prozent, und die Mitarbeiter den Rest.

Die Mischfinanzierung ist eine beliebte Variante, da sie das Commitment der Mitarbeitenden erhöht („Ich lege selbst etwas drauf"), ohne dass das Unternehmen die gesamte Finanzierung trägt.

Schritt 4: Kommunikation und Einbindung der Mitarbeitenden

Eine BKV ist nur dann wirksam, wenn sie in der Wahrnehmung deiner Teams ankommt. Daher ist eine kluge Kommunikationsstrategie essenziell:

- **Kick-off-Veranstaltung**: Lade alle Mitarbeitenden ein und präsentiere das Konzept. Nutze Beispiele („Was kostet ein Zahnersatz ohne BKV, wie viel zahlen wir, wie viel übernimmt die Versicherung?").

- **Info-Materialien**: Stelle FAQ-Dokumente, Broschüren oder Erklärvideos bereit. Die Mitarbeitenden sollen verstehen, welche Leistungen sie konkret haben und wie sie abgerufen werden.

- **Regelmäßige Erinnerungen**: Erwähne die BKV bei Betriebsversammlungen oder Teammeetings. Mache auf neue Gesundheitsangebote oder Kooperationen aufmerksam.

- **Pilotgruppe**: Eventuell kannst du eine kleine Gruppe pilotieren lassen, die von ihren Erfahrungen berichtet, bevor das Angebot auf die gesamte Firma ausgeweitet wird.

Schritt 5: Implementierung und Administration

Damit alles reibungslos läuft, muss die BKV in deine Personalprozesse eingebettet werden:

- **Onboarding neuer Mitarbeitender**: Informiere schon beim Bewerbungsgespräch oder in den Arbeitsvertragunterlagen über die BKV. So erzeugst du Vorfreude und bindest neue Talente schneller.

- **Schadensabwicklung und Abrechnung**: Lege fest, ob deine Personalabteilung oder ein externer Dienstleister die administrative Abwicklung übernimmt. Viele Versicherer stellen Online-Portale bereit, über die Mitarbeitende Rechnungen einreichen können.

- **Datenschutz**: Achte auf datenschutzkonforme Prozesse. Medizindaten sind sensibel; häufig läuft die Leistungsabwicklung direkt mit dem Versicherer, ohne dass das Unternehmen tiefe Einblicke bekommt.

- **Monitoring**: Prüfe regelmäßig, wie viele Mitarbeitende das Angebot nutzen, welche Module besonders beliebt sind und ob es Anpassungsbedarf gibt.

Schritt 6: Feedback und Optimierung

Eine BKV ist kein starrer Block, sondern sollte im Verlauf der Zeit auf Veränderungen reagieren:

- Führe **Feedback-Gespräche** oder Umfragen durch, um herauszufinden, ob die Mitarbeitenden zufrieden sind, welche Leistungen ihnen fehlen und welche Module möglicherweise überflüssig sind.

- Halte Kontakt zum Versicherer und zum Makler, um ggf. **Vertragsanpassungen** vorzunehmen oder auf neue Marktentwicklungen zu reagieren.

- Kommuniziere **Erfolgsgeschichten:** Wenn etwa eine Mitarbeiterin dank der BKV eine teure Zahnsanierung durchführen konnte, ohne finanzielle Probleme zu bekommen, ist das ein positives Beispiel, das andere motiviert.

Finanzielle Aspekte und Return on Investment

Kostenstruktur einer BKV

Die Kosten für eine betriebliche Krankenversicherung variieren stark, abhängig von:

- **Leistungsumfang**: Umfangreiche Tarife mit Wahlleistungsoptionen im Krankenhaus sind teurer als reine Zahnversicherungen.

- **Mitarbeiterzahl**: Größere Unternehmen erhalten meist bessere Gruppenkonditionen.

- **Gesundheitsprüfung**: Je nach Anbieter kann eine Gesundheitsprüfung wegfallen, was den Zugang erleichtert. Die Prämie kann dann aber etwas höher sein.

- **Alter der Belegschaft**: Ein höherer Altersdurchschnitt führt mitunter zu höheren Beiträgen, da das Risiko für Krankheiten steigt.

In der Regel bewegt sich ein Basistarif zwischen 10 und 20 Euro pro Monat pro Mitarbeiter. Hochwertige Pakete können jedoch auch 30, 40 oder 50 Euro pro Monat kosten. Wichtig: Arbeitgeber können diese Beiträge als Betriebsausgabe absetzen, sodass sich die Nettobelastung reduziert. Gleichzeitig müssen Mitarbeitende die Leistungen bis zu bestimmten Freigrenzen nicht versteuern (Stichwort Sachbezug), je nach Ausgestaltung.

Warum sich die Investition rechnet

Die betriebliche Krankenversicherung sollte nicht nur als Kostenfaktor betrachtet werden. Vielmehr ist sie eine Investition in deine Mitarbeitenden – und damit in den langfristigen Erfolg des Unternehmens. Ein paar Argumente für den ROI:

1. **Weniger Fehlzeiten**: Bessere Gesundheitsvorsorge, schnellere Behandlungen und reduzierte Wartezeiten können dazu führen, dass Mitarbeitende weniger krankheitsbedingte Ausfälle haben oder schneller genesen.

2. **Höhere Bindung**: Die Kosten für eine BKV sind in den meisten Fällen geringer als die Aufwendungen, die durch hohe Fluktuation entstehen (Stellenausschreibungen, Einarbeitung, Know-how-Verlust).

3. **Imagegewinn**: Ein positives Arbeitgeberimage kann dir helfen, bessere Bewerbungen zu erhalten und die Recruiting-Kosten zu senken.

4. **Steuervorteile**: Die Beiträge sind Betriebsausgaben und mindern somit die Steuerlast. Gleichzeitig

entsteht für die Mitarbeitenden oft keine oder nur eine geringe steuerliche Belastung.

Unter dem Strich lässt sich sagen: Eine BKV ist kein reines Goodie, sondern ein strategisches Instrument zur Stärkung deines **Humankapitals**.

Beispiele aus der Praxis: Erfolgsstories und Erfahrungsberichte

Das Familienunternehmen mit Handwerksbezug

Ein mittelständischer Handwerksbetrieb mit 80 Mitarbeitenden entschließt sich, eine BKV anzubieten. Da viele Beschäftigte körperlich hart arbeiten, fällt die Wahl auf ein Tarifpaket, das physiotherapeutische Maßnahmen, Rückenschule und erweiterte ambulante Vorsorgeleistungen einschließt. Die Rückmeldungen der Belegschaft sind schnell spürbar: „Endlich kann ich mir regelmäßig Massagen leisten, ohne ein Vermögen zu bezahlen", sagt einer der Monteure. In Folge sinken die Krankheitsausfälle wegen Rückenbeschwerden.

IT-Startup mit Fokus auf junge Talente

Ein junges, wachsendes Softwareunternehmen in einer Großstadt möchte sich von anderen IT-Firmen abheben. Es wählt eine BKV, die Brillenzuschüsse, Zahnleistungen und psychologische Beratung umfasst. „Im Stress des Projektgeschäfts sind Burnout und stressbedingte Symptome keine Seltenheit", erläutert der Geschäftsführer. Mit dem Modul „Psychologische Erstberatung" können Mitarbeitende schnell und diskret Hilfe erhalten. Das Unternehmen verzeichnet nach Einführung der BKV eine deutlich gestiegene Zufriedenheit in Mitarbeiterbefragungen, und Bewerbende erwähnen die BKV explizit als Grund für ihr Interesse an der Firma.

Großkonzern setzt auf breites Spektrum

Ein Konzern mit mehreren tausend Angestellten hat bereits eine etablierte betriebliche Altersvorsorge. Nun ergänzt er das Portfolio um eine BKV, die in vier Modulen buchbar ist. So können Mitarbeitende individuell auswählen, was zu ihren Bedürfnissen passt – von Zahn- und Sehhilfen bis hin zu alternativen Heilmethoden. Das Unternehmen beteiligt sich mit einem monatlichen Zuschuss von 15 Euro pro Person. Wer mehr Leistungen möchte, legt privat drauf. Das Ergebnis: eine sehr hohe Beteiligungsquote und eine positive Resonanz in den Mitarbeiter-Workshops.

Häufige Missverständnisse und Vorurteile

„Eine BKV lohnt sich nur für große Unternehmen"

Falsch. Zwar profitieren Großunternehmen häufig von besseren Gruppenverträgen und Konditionen, doch auch für kleinere Betriebe kann eine BKV sehr sinnvoll sein. Es gibt spezielle Tarife für KMU (kleine und mittlere Unternehmen) mit nur wenigen Mitarbeitenden. Zudem kann man flexibel mit der Finanzierung umgehen.

„Das ist viel zu kompliziert in der Verwaltung"

Viele Versicherer haben sich auf die digitalisierte Abwicklung spezialisiert. Mitarbeitende können Rechnungen per App einreichen, und das Unternehmen muss oft nur eine monatliche Liste mit der Anzahl der Versicherten bereitstellen. Mit einer guten Beratung ist die Verwaltung überschaubar.

„Ich biete bereits einen Obstkorb und eine Mitgliedschaft im Fitnessstudio, das reicht"

Obstkörbe und Fitnesszuschüsse sind zwar nett, doch sie ersetzen keine umfassende Krankenversicherung. Eine BKV ist in ihrem Wirkungsgrad deutlich höher angesiedelt: Sie sichert finanziell ab und schafft ein Gefühl der Fürsorge, das reine Goodies wie Obstkörbe meist nicht erreichen können.

„Da nehmen alle gleich das teuerste Paket, und die Kosten explodieren"

Du kannst die Tarifauswahl aktiv steuern. Ob du nur ein Grundpaket finanzierst oder die Mitarbeitenden die Option haben, Zusatzmodule selbst dazu zu buchen, liegt in deiner Hand. Eine klare Budgetplanung und eine faire Kommunikation verhindern Kostenexplosionen.

BKV und Gesundheitspolitik: Ein Blick in die Zukunft

Die Rolle der Betrieblichen Krankenversicherung könnte in den kommenden Jahren weiter wachsen, da Gesundheit in der Gesellschaft immer wichtiger wird. Angesichts knapp werdender Ressourcen in der GKV und teurer Innovationen im Medizinbereich suchen viele Menschen nach Möglichkeiten, Lücken zu schließen. Unternehmen, die diese Nachfrage bedienen, profilieren sich als zukunftsorientiert und nachhaltig.

Auch der Gesetzgeber zeigt in vielen Bereichen Offenheit, betriebliche Gesundheitsmaßnahmen steuerlich zu unterstützen oder den bürokratischen Aufwand zu reduzieren. Die Verknüpfung von BKV mit digitalen Gesundheitsplattformen oder Telemedizin dürfte ebenfalls zunehmen – gerade in einer Zeit, in der Homeoffice und flexible Arbeitsmodelle an Bedeutung gewinnen.

Tipps für eine gelungene Einführung und nachhaltige Nutzung

1. **Timing**

   Wähle einen Zeitpunkt, an dem du die volle Aufmerksamkeit der Belegschaft hast. Ein Launch kurz vor Weihnachten oder in einer stressigen Phase kann untergehen.

2. **Multiplikatoren einbeziehen**

   Finde „Gesundheitsbotschafter" in der Firma, die hinter der BKV stehen. Sie können im Kollegenkreis Zweifel ausräumen und konkrete Erfahrungswerte liefern.

3. **Interaktiver Rollout**

   Organisiere Workshops oder Gesundheitstage, an denen der Versicherer sich vorstellt. Eine persönliche Beratung durch Experten vor Ort (oder per Videochat) schafft **Vertrauen**.

4. **Transparenz bei den Kosten**

   Kommuniziere offen, wie die Finanzierung geregelt ist. Missverständnisse über versteuerte Lohnbestandteile oder Selbstbeteiligungen lassen sich so früh klären.

5. **Langfristige Verankerung**

   Binde das Thema Gesundheit in deine Unternehmenskultur ein. Wer sich nur einmal kurz freut und dann wieder vergisst, dass er eine BKV hat, nutzt sie eventuell nicht aktiv. Regelmäßige Newsletter oder Erinnerungen an Vorsorgechecks halten das Thema präsent.

Warum eine BKV ein unschlagbares Benefit ist

Eine betriebliche Krankenversicherung ist mehr als nur ein „nice to have". Sie kann zum Herzstück deiner betrieblichen Gesundheitsstrategie werden und wichtige positive Effekte entfalten:

- **Mitarbeiterbindung**: Wer sich um die Gesundheit seiner Mitarbeitenden kümmert, macht sich als Arbeitgeber unverzichtbar und sympathisch.

- **Markenstärkung**: Ein Unternehmen, das innovative Benefits bietet, steigert sein Image. Das zieht Talente an und hebt dich von der Konkurrenz ab.

- **Gesundheitsförderung**: Durch den erweiterten Versicherungsschutz nehmen Mitarbeitende häufiger Vorsorgeleistungen in Anspruch, was die allgemeine Gesundheit verbessert.

- **Wirtschaftlicher Nutzen**: Weniger Fehlzeiten, weniger Fluktuation und ein geringeres Rekrutierungsrisiko sind harte Faktoren, die in der Betriebsbilanz spürbar werden.

Während Obstkörbe und höhenverstellbare Schreibtische zwar nett, aber oft austauschbar sind, kannst du mit einer BKV ein emotional und finanziell attraktives Paket schnüren, das bei den Mitarbeitenden nachhaltig im Gedächtnis bleibt. Wer einmal die Vorzüge einer betrieblichen Krankenzusatzversicherung erlebt hat – sei es eine teure Zahnkrone oder eine schnelle physiotherapeutische Behandlung – wird dies kaum vergessen.

Gerade in Zeiten, in denen eine gute Arbeitgebermarke (Employer Branding) viel Zeit und Geld kostet, ist die BKV ein Weg, mit vergleichsweise geringem Aufwand eine hohe Wirkung zu erzielen. Entscheidend ist allerdings eine durchdachte Strategie: Du solltest wissen, welche Ziele du mit der BKV verfolgst, und das passende Tarifpaket auswählen. Eine umfassende Kommunikation und Einbindung der Belegschaft ist ebenso wichtig wie die dauerhafte, reibungslose Organisation dahinter.

Alles in allem lässt sich sagen, dass die Betriebliche Krankenversicherung ein unschlagbares Benefit ist, wenn du dich als attraktiver, moderner und verantwortungsbewusster Arbeitgeber positionieren möchtest – egal, ob du ein kleines Familienunternehmen leitest oder ein globaler Konzern bist. Die positiven Effekte auf

Motivation, Gesundheit und Unternehmenskultur werden dich schnell überzeugen.

Zusammenfassung aller wesentlichen Punkte (auf einen Blick)

1. **Definition:** Die BKV ist eine **Gruppen-Zusatzversicherung** für Mitarbeitende, die bestimmte Gesundheitsleistungen über den gesetzlichen Rahmen hinaus abdeckt.

2. **Vorteile für Mitarbeitende**: Erweiterter Schutz (z. B. Zahnersatz, Sehhilfen, alternative Heilmethoden), finanzielle Sicherheit, Wertschätzung, Komfort.

3. **Vorteile für das Unternehmen**: Höhere Mitarbeiterzufriedenheit und -bindung, geringere Fehlzeiten, positives Employer Branding, Differenzierung vom Wettbewerb.

4. **Wachsende Bedeutung**: Fachkräftemangel, steigende Gesundheitskosten und eine verstärkte Nachfrage nach attraktiven Benefits machen die BKV immer relevanter.

5. **Einführung**:

   ▷ **Bedarfsanalyse**: Was brauchen die Mitarbeitenden, welches Budget ist verfügbar?

   ▷ **Marktsondierung**: Angebote verschiedener Versicherer vergleichen, ggf. Makler hinzuziehen.

   ▷ **Tarifauswahl**: Module wie Zahn, Sehhilfen, Heilpraktiker, Vorsorge etc. individuell kombinieren.

   ▷ **Finanzierungsmodell**: Arbeitgeberfinanziert, mischfinanziert oder arbeitnehmerfinanziert.

- ▷ **Kommunikation**: Mitarbeitende umfassend informieren, Begeisterung wecken, Fragen klären.

- ▷ **Administration**: Integration in die HR-Prozesse, möglichst digitale Abwicklung zur Entlastung.

- ▷ **Feedback und Optimierung**: Regelmäßige Überprüfung und Anpassung des Angebots.

6. **Return on Investment**: Die Kosten werden durch reduzierte Fluktuation, geringere Fehlzeiten, bessere Arbeitgebermarke und steuerliche Vorteile kompensiert.

7. **Praxisbeispiele**: Sowohl KMU als auch Großunternehmen profitieren von der BKV, wenn sie klug gestaltet und kommuniziert wird.

8. **Missverständnisse**:

   - ▷ BKV ist nicht nur für Großfirmen geeignet.

   - ▷ Verwaltung kann einfach sein, wenn digitalisiert.

   - ▷ Ein Obstkorb ersetzt keine BKV.

   - ▷ Kosten sind steuerlich absetzbar und planbar.

9. **Zukunft**: Die BKV dürfte an Relevanz gewinnen, da das Gesundheitsbewusstsein steigt und das Sozialsystem stärker belastet wird.

Inspiration für dein Unternehmen: Noch mehr Ideen rund um Gesundheit und Vorsorge

Wenn du dich auf den Weg machst, die BKV einzuführen, kannst du diese Maßnahme in ein umfassendes Gesundheits- und Vorsorgekonzept einbetten. So erzielst du einen maximalen Effekt und machst das Thema „Gesundheit bei der Arbeit" allgegenwärtig.

- **Gesundheitstage**: Lade Experten ein, die Vorträge zu Rückenfitness, Stressmanagement oder Ernährung halten.

- **Betriebliches Eingliederungsmanagement**: Zeige Mitarbeitenden, die längere Zeit krank waren, dass sie Unterstützung beim Wiedereinstieg erhalten.

- **Kooperation mit Fitnessstudios**: Ergänze das BKV-Angebot durch vergünstigte Mitgliedschaften oder Online-Fitnesskurse.

- **Mentale Gesundheit**: Biete Online-Plattformen für psychologische Beratung an. Viele BKV-Tarife haben entsprechende Module.

- **Impfaktionen**: Organisiere betriebsinterne Impfangebote (z. B. gegen Grippe) in Kooperation mit Betriebsärzten.

- **Digitale Tools**: Nutze Apps für Schritte-Challenges oder Ernährungstracker, um spielerisch Gesundheitsziele zu fördern.

All diese Punkte verstärken sich gegenseitig und schaffen ein Arbeitsumfeld, in dem sich deine Mitarbeitenden wertgeschätzt und gut aufgehoben fühlen.

Eine Betriebliche Krankenversicherung einzuführen, ist ein starker Schritt, um dein Unternehmen voranzubringen. Du signalisierst damit nicht nur, dass dir die Gesundheit und Zufriedenheit deiner Mitarbeitenden am Herzen liegen, sondern setzt ein klares Statement: „Wir sind ein Arbeitgeber, der Verantwortung übernimmt." In Zeiten, in denen Fachkräftemangel und steigende Gesundheitskosten vielen Betrieben Sorgen bereiten, verschaffst du dir mit einer BKV einen entscheidenden Wettbewerbsvorteil.

Zwar erfordert die Einführung etwas Planung, Kommunikation und finanzielles Commitment. Doch die Langzeitwirkung ist erheblich: Eine bessere Gesundheitsversorgung im Unternehmen zahlt sich in höherer Loyalität, weniger Krankheitsausfällen und einem starken Arbeitgeberimage aus. Wer die BKV geschickt mit anderen Gesundheitsmaßnahmen kombiniert, schafft ein Umfeld, in dem Mitarbeitende gerne arbeiten, sich sicher fühlen und sich langfristig mit dem Unternehmen identifizieren.

Ich hoffe, dass dieses Kapitel dir nicht nur praktisches Wissen vermittelt, sondern auch Inspiration gibt. Vielleicht bist du dir noch unsicher, ob die BKV der richtige Weg ist – doch die zahlreichen Beispiele, Argumente und Tipps zeigen, dass der Nutzen in vielen Fällen deutlich überwiegt. Gehe ruhig den nächsten Schritt: Informiere dich weiter bei Versicherern, spreche mit deiner Personalabteilung, binde deine Mitarbeitenden ein, und mache aus der betrieblichen Krankenversicherung ein Leuchtturmprojekt für mehr Gesundheit und Zufriedenheit am Arbeitsplatz.

KAPITEL 12:
FINANZIELLE ABSICHERUNG UND LIQUIDITÄTSSICHERUNG FÜR DEIN UNTERNEHMEN

Finanzielle Absicherung und Liquiditätssicherung für dein Unternehmen

Warum finanzielle Absicherung und Cashflow-Sicherung essenziell sind

Jedes Unternehmen – ob Start-up, Handwerksbetrieb oder Großkonzern – ist auf einen stabilen Geldfluss angewiesen. „Cash entscheidet maßgeblich darüber, ob ein Unternehmen weiter existiert oder im Extremfall den Weg zum Insolvenzrichter antreten muss." Mit anderen Worten: Fehlende Liquidität wirkt wie Treibstoffmangel bei einem Flugzeug – geht das Geld aus, kann selbst ein an sich profitables Unternehmen abstürzen. Besonders gefährlich sind unvorhergesehene Ereignisse und finanzielle Schocks, die den Geschäftsbetrieb stören oder Zahlungen ausbleiben lassen. Ein Brand im Lager, ein wichtiger Kunde, der insolvent wird, oder eine globale Krise wie eine Pandemie können dazu führen, dass plötzlich kein Geld mehr in die Kasse kommt, während die Kosten weiterlaufen.

Ohne Vorsorge kann bereits ein einziger größerer Zwischenfall existenzbedrohlich sein. Studien zeigen, dass beispielsweise nach einem Großbrand fast 40 %

der betroffenen Firmen trotz Versicherung binnen zwei Jahren Konkurs anmelden – nicht nur wegen des Sachschadens, sondern weil der längere Betriebsstillstand Kundschaft vergrault und Einnahmen wegbrechen. Ein fehlender Auftrag oder eine unbezahlte Rechnung zur falschen Zeit kann einen Dominoeffekt auslösen: Lieferanten wollen bezahlt werden, Gehälter sind fällig, neue Projekte verzögern sich. Gerade in wirtschaftlich unsicheren Zeiten mit steigenden Insolvenzzahlen wächst dieses Risiko. Entsprechend wichtig ist es, frühzeitig gegenzusteuern.

Finanzielle Absicherung und Liquiditätssicherung bedeuten, dein Unternehmen durch geeignete Versicherungen und betriebswirtschaftliche Maßnahmen robust aufzustellen. Zum einen gibt es Versicherungen, die bei bestimmten Schadensereignissen einspringen – etwa eine Versicherung gegen Betriebsunterbrechung oder gegen Forderungsausfälle. Zum anderen helfen unternehmerische Strategien, die laufende Liquidität zu schützen – z. B. ein konsequentes Mahnwesen, Diversifikation der Einnahmequellen oder das Vorhalten von Reserven. In diesem Kapitel betrachten wir beide Schienen: Versicherungen als Rettungsnetz für den Ernstfall und proaktive Maßnahmen für einen stabilen Cashflow. Gemeinsam bilden sie ein finanzielles Schutzschild, damit dein Unternehmen auch in stürmischen Zeiten zahlungsfähig bleibt und du dich auf Wachstum statt auf Krisenbewältigung konzentrieren kannst.

Betriebsausfallversicherung: Schutz, wenn dein Geschäft plötzlich stillsteht

Definition: Eine Betriebsausfallversicherung – häufig auch **Betriebsunterbrechungsversicherung** oder Ertragsausfallversicherung genannt – deckt die finanziellen Verluste ab, wenn der laufende Betrieb durch ein versichertes Ereignis unterbrochen wird. Einfach gesagt: Läuft dein Geschäft wegen eines Schadens vorübergehend nicht weiter, übernimmt diese Versicherung die fixen Kosten und ersetzt den entgangenen Gewinn. So kannst du beispielsweise Miete, Leasingraten und Gehälter weiterzahlen, obwohl keine Einnahmen reinkommen. Ziel ist es, den Fortbestand deines Unternehmens zu sichern, bis du wieder normal arbeiten kannst. Meist wird eine solche Police in Kombination mit einer Sachversicherung abgeschlossen – etwa als Zusatzbaustein zur Inhaltsversicherung, die Geräte und Waren gegen Zerstörung absichert. Tritt ein Schaden ein, geht die Betriebsausfallversicherung in der sogenannten **Haftzeit** (oft 12 Monate ab Schadeneintritt) in Leistung und trägt die finanziellen Einbußen während der Wiederherstellungsphase.

Welche Schäden sind abgedeckt? Die Betriebsausfallversicherung greift nur, wenn ein definiertes Schadenereignis den Betriebsstopp verursacht. Typischerweise sind das Sachschäden durch Feuer, Leitungswasser, Sturm/Hochwasser oder Einbruchdiebstahl. Viele Policen decken heute aber auch technische Risiken ab. So bist du unter anderem bei folgenden Szenarien geschützt:

- **Feuer, Explosion oder Unwetter**: Ein Brand im Gebäude, Blitzschlag, Sturm oder Hochwasser richten so große Schäden an, dass der Betrieb lahmgelegt ist. Beispiel: Ein Blitz schlägt in deine Werkstatt ein und verursacht ein Feuer. Die Produktion steht wochenlang still.

- **Maschinenausfall oder technische Defekte:** Wichtige Maschinen oder Anlagen fallen unerwartet aus – etwa ein defekter Transformator oder ein Produktionsroboter. Wenn du deine Arbeit dadurch nicht fortführen kannst, greift die Versicherung (sofern technische Schäden mitversichert sind).

- **Vandalismus oder Einbruch:** Sabotageakte oder Einbrüche können Einrichtungen zerstören. Etwa wenn Einbrecher dein Ladengeschäft verwüsten und Geräte beschädigt werden, sodass erst repariert werden muss, bevor du wieder öffnen kannst.

- **Cyberangriffe:** In modernen Tarifen lassen sich oft **Betriebsunterbrechungen durch Hackerangriff**e mit abdecken. Ein Cyber-Angriff, der dein IT-System lahmlegt, kann den Geschäftsbetrieb genauso stoppen wie ein physischer Schaden. Einige Versicherer bieten hierfür spezielle Cyber-BU-Module an.

Wichtig ist, dass die Ursache im Versicherungsschutz enthalten sein muss. Pandemien oder behördliche Betriebsschließungen (wie sie 2020 viele Betriebe durch Covid-19 erlebten) sind zum Beispiel in Standardpolicen meist nicht abgedeckt. Hier lohnt sich ein genauer Blick in die Bedingungen oder der Abschluss zusätzlicher Bausteine.

Beispiele für Schäden und finanzielle Folgen: Ein Betriebsstopp trifft Unternehmen jeder Branche hart. Zwei kurze Beispiele verdeutlichen das Ausmaß:

- Wasserschaden im Büro: Du betreibst ein Grafikbüro, doch eine Fensterluke bleibt über das Wochenende gekippt. Ein starker Wolkenbruch flutet die Räume, Rechner, Server und Möbel werden beschädigt. Wochenlang kannst du deine Aufträge nicht bearbeiten, Neukunden wandern ab. Zum Glück springt die Betriebsausfallversicherung ein: Sie übernimmt die fortlaufenden Kosten und finanziert ein Ausweichbüro, bis die Räume saniert sind.

- Abgebranntes Fotostudio: In einem Fotografenstudio bricht nachts Feuer aus. Kamera-Equipment und Studioeinrichtung werden zerstört. Du kannst monatelang keine Shootings durchführen und verlierst Umsatz. Hier zahlt die Versicherung den Ertragsausfall und übernimmt sogar die Miete für ein temporäres Ersatzstudio, damit du schnell wieder arbeiten kannst.

Ohne Versicherung müsstest du die Fixkosten aus eigener Tasche weiterzahlen, obwohl kein Erlös hereinkommt – das wäre für viele finanziell kaum machbar. **Gerade Firmen ohne hohe Rücklagen könnten einen Ertragsausfall nicht lange abfedern** – die Betriebsausfallversicherung ist für sie oft überlebenswichtig. Selbst wenn ein Unternehmen Reserven hat, können diese in einer Krisensituation schnell schwinden.

Welche Unternehmen profitieren besonders? Grundsätzlich kann jedes Unternehmen mit Geschäftsrisiken eine Betriebsunterbrechungsversicherung abschließen – vom produzierenden Gewerbe über Handel und Handwerk bis zum Freiberufler. Besonders sinnvoll ist sie jedoch in Fällen, wo ein Stillstand sehr wahrscheinliche oder gravierende Folgen hat:

- **Unternehmen ohne finanzielle Puffer:** Betriebe, die keine großen Reserven haben, geraten bei einem Umsatzausfall sofort in Schieflage. Eine Versicherung sichert diejenigen ab, die einen längeren Ertragsausfall aus eigener Kraft nicht überbrücken könnten.

- **Betriebe mit hohem Ausfallrisiko:** Firmen, die mit **empfindlichen oder störanfälligen Anlagen** arbeiten, sollten sich absichern. Fällt z. B. eine Spezialmaschine aus, steht oft die gesamte Produktion still. Auch Branchen, in denen **Feuer oder Hochwasser** ein permanentes Risiko darstellt (Holzverarbeitung, Chemiewerke), profitieren enorm. Nicht zuletzt gelten **Cyber-Vorfälle** inzwischen als eine der größten Geschäftsrisiken – daher sollten IT-lastige Betriebe (Agenturen, Online-Shops) über eine entsprechende Absicherung nachdenken.

- **Einzel- und Kleinbetriebe mit einem Standort:** Hat dein Unternehmen nur einen zentralen Standort (z. B. ein Restaurant, Hotel oder Ladengeschäft), bedeutet dessen Ausfall fast 100 % Umsatzverlust. In solchen Fällen wirkt die Police wie ein Rettungsanker, bis du wieder öffnen kannst.

Wichtige Kriterien bei der Auswahl: Nicht jede Betriebsausfallversicherung ist gleich – achte auf folgende Punkte, um den passenden Schutz zu finden:

- **Versicherungssumme und Haftzeit:** Die Versicherungssumme sollte dem potenziellen Umsatzausfall für die maximal mögliche Unterbrechungsdauer entsprechen. Üblich sind 12 Monate Haftzeit, teils 24 oder 36 Monate für extreme Fälle. Je länger die Haftzeit, desto teurer die Prämie, aber desto umfassender der Schutz.

- **Abgedeckte Gefahren**: Stell sicher, dass alle für dein Unternehmen relevanten Risiken versichert sind (Feuer, Sturm, Leitungswasser etc.). Optional können **Elementarschäden** (Überschwemmung, Erdbeben), **technische Defekte** und **Betriebsschließungen durch Dritte** mitversichert werden.

- **Selbstbeteiligung und Wartezeiten:** Oft kannst du eine **Selbstbeteiligung** vereinbaren, um die Prämie zu senken. Das kann ein fester Betrag (z. B. 5.000 €) oder eine Zeitspanne sein (die ersten 5 Tage des Ausfalls trägst du selbst). Überlege gut, was für dich verkraftbar ist.

- **Kombination mit Sachversicherung**: Prüfe, ob eine Klein-BU schon in deiner Geschäfts-Inhaltsversicherung enthalten ist. Für umfassenderen Schutz brauchst du vielleicht eine separate mittlere oder große BU-Versicherung.

- **Besondere Klauseln:** Lies das Kleingedruckte. Sind Auflagen zur Schadenminderung enthalten? Gibt es Klauseln für Mehrkosten, die helfen, den Betrieb schneller wieder anzufahren (etwa Überstunden oder Miete von Ersatzmaschinen)? Eine gute Police übernimmt solche Mehrkosten.

Kosten-Nutzen-Abwägung: Eine Betriebsausfallversicherung verursacht laufende Kosten (Prämien). Die Höhe richtet sich nach Branche, Unternehmensgröße, den versicherten Gefahren und der gewünschten Deckungssumme. Ein kleiner Betrieb kann schon für wenige hundert Euro im Jahr eine Basisabsicherung erhalten, während industrielle Großpolicen entsprechend teurer sind. Wesentlich ist, ob die Prämie in einem sinnvollen Verhältnis zum potenziellen Schaden steht. Ein Hersteller, der pro Tag 20.000 € Umsatz macht, würde bei einem Monatsausfall 600.000 € verlieren – da ist eine Jahresprämie von ein paar Tausend Euro sehr sinnvoll. Bei sehr geringem Risiko oder vorhandenen Rücklagen mag eine Vollversicherung überdimensioniert sein; Alternativen könnten ein höherer Selbstbehalt oder gezielte Absicherung besonders kritischer Maschinen sein. Angesichts dramatischer Schadensszenarien (etwa Großbrand) ist der Nutzen einer passenden Versicherung aber enorm. Im Ernstfall erhältst du dringend benötigte Liquidität, kannst den Wiederaufbau organisieren und bleibst handlungsfähig.

Forderungsausfallversicherung: Schutz vor unbezahlten Rechnungen

Während die Betriebsausfallversicherung beim **aktiven Geschäftsstop** hilft, sichert dich die **Forderungsausfallversicherung** vor einer eher passiven Gefahr: Kunden, die ihre Rechnungen nicht bezahlen. Viele Unternehmen verkaufen Leistungen oder Waren auf Rechnung mit Zahlungsziel. Sie liefern also vorab, bekommen das

Geld aber erst nach Wochen. Dieser Lieferantenkredit birgt das sogenannte **Delkredererisiko**: der Kunde zahlt am Ende nicht. Eine Forderungsausfallversicherung springt ein, **wenn Rechnungen dauerhaft unbezahlt bleiben**, zum Beispiel durch Insolvenz des Kunden. Sie wird oft auch **Warenkreditversicherung** (WKV) oder **Delkredere-Versicherung** genannt.

Was ist eine Forderungsausfallversicherung? Diese Versicherung übernimmt den **Forderungsausfall bei Warenlieferungen oder Dienstleistungen**. Konkret: Verkaufst du zum Beispiel Maschinen an einen Kunden auf Rechnung und der Kunde kann die Rechnung nicht begleichen, erstattet die Versicherung den ausstehenden Betrag (meist mit Selbstbeteiligung). Somit sicherst du dich gegen das Delkredererisiko ab und **erhältst trotzdem dein Geld**, was deine Liquidität schützt. Oft prüft der Versicherer schon im Vorfeld die Bonität deiner Kunden und legt Kreditlimite fest. So wirst du gewarnt, wenn ein Abnehmer aus Sicht der Versicherung unsicher ist, und kannst dann von vornherein Vorkasse verlangen oder das Risiko minimieren.

Risiken unbezahlter Rechnungen: Unbezahlte Rechnungen sind **Gift für den Cashflow**. Die Leistung wurde erbracht, Kosten sind angefallen (Material, Lohn, Versand), aber die Einnahme fehlt. Das bedeutet:

- **Liquiditätsengpass:** Lieferanten, Mieten oder Gehälter müssen trotzdem bezahlt werden. Wenn ein großer Zahlungseingang fehlt, rutschst du schnell ins Minus.

- **Gewinnausfall und Verluste:** Die Marge des Geschäfts geht verloren. Bleibt die Zahlung komplett aus, wird ein profitabler Auftrag zum Verlustgeschäft.

- **Zeit- und Kostenaufwand:** Du musst dich um Mahnungen, Inkasso oder Rechtsstreit kümmern – das bindet Ressourcen, und es ist ungewiss, ob du am Ende etwas bekommst.

- **Kettenreaktion:** Insbesondere kleine Betriebe können durch den Ausfall eines großen Kunden selbst in Schwierigkeiten geraten und schlimmstenfalls insolvent werden.

Typische Ursachen für Zahlungsausfälle: Am häufigsten ist die **Insolvenz eines Kunden**. In diesem Fall kannst du deine Forderung nur noch beim Insolvenzverwalter anmelden, und die Quote ist meist gering. Weitere Ursachen sind:

- *Schlechtes Forderungsmanagement:* Manchmal zahlen Kunden nicht pünktlich oder vergessen Rechnungen.

- *Rechtsstreitigkeiten:* Der Kunde hält die Lieferung für mangelhaft und verweigert die Zahlung.

- *Betrug/Cybercrime:* Z. B. wenn Geld auf ein falsches Konto umgeleitet wird (Vertrauensschadenversicherung wäre hier eher gefragt).

- *Absichtliches Nichtzahlen:* Manchen Kunden fehlt es an Liquidität, oder sie zahlen erst, wenn sie selbst das Geld haben.

Der **häufigste und gefährlichste Grund** ist die Insolvenz von Geschäftspartnern. Gerade in schwierigen Konjunkturphasen kann das rasch zunehmen.

Delkredereschutz vs. Warenkreditversicherung: Häufig wird das synonym verwendet. **Warenkreditversicherung** und **Delkredere-Versicherung** decken den Zahlungsausfall bei Warenlieferungen auf Kredit ab. Im weiteren Sinne ist Delkredereschutz jeder Schritt, um sich vor Zahlungsausfällen zu schützen. Das kann eine Versicherung sein, aber auch andere Instrumente:

- **Factoring:** Du verkaufst deine Forderungen an einen Factor, erhältst sofort Geld (abzüglich einer Gebühr) und bist das Ausfallrisiko los. So kombinierst du Liquiditätsbeschaffung mit Delkredereschutz.

- **Forfaitierung:** Ähnlich wie Factoring, aber meist projektbezogen und bei größeren Summen oder Exporten.

- **Delkredere-Abrede mit Handelsvertretern:** Historisch garantieren Handelsvertreter dir die Zahlung und übernehmen so das Delkredererisiko.

In der Praxis schließen die meisten Betriebe, die auf Rechnung verkaufen, **eine Warenkreditversicherung** ab, oft unterstützt durch ein professionelles Forderungsmanagement. Factoring wird ebenfalls beliebter, vor allem wenn schnell Liquidität benötigt wird.

Kosten und Nutzen einer Forderungsausfallversicherung: Die Kosten liegen in laufenden Prämien, meist als Prozentsatz vom versicherten Jahresumsatz. Zusätzlich gibt es oft einen **Selbstbehalt** je Schadensfall (z. B. 10 %). Der Nutzen zeigt sich im Ernstfall: Fällt ein großer Kunde aus, bewahrt dich die Versicherung vor einem massiven Verlust. Darüber hinaus bietet eine Warenkreditversicherung **präventive Vorteile**: Der Versicherer unterstützt bei der Bonitätsprüfung neuer Kunden und übernimmt häufig das Inkasso. So kannst du deinen Kundenstamm erweitern und trotzdem ruhig schlafen. Gleichzeitig bewerten Banken deine Bonität höher, wenn du deine offenen Forderungen abgesichert hast.

Wann ist eine Forderungsausfallversicherung sinnvoll? Generell dann, wenn du **an andere Unternehmen (B2B) auf Rechnung lieferst** und ein größerer Ausfall dich hart treffen würde. Beispiele:

- Du hast nur wenige große Kunden: Fällt einer insolvent aus, reißt das ein großes Loch in deine Bilanz.

- Du bist in einer Branche mit hohem Insolvenzrisiko oder langen Zahlungszielen (z. B. Baugewerbe, Maschinenbau, Export).

- Deine Auftragssummen sind hoch und du kannst nicht sofort den Geldeingang überprüfen (lange Projektlaufzeiten, Teilzahlungen etc.).

Wer hingegen sehr viele kleine Kunden hat, die fast alle Vorkasse leisten, braucht womöglich keine teure Versicherung – hier reicht ein straffes Mahnwesen. Auch Unternehmen mit sehr breiter Diversifikation oder großen Rücklagen kommen unter Umständen ohne Versicherung aus.

Unterm Strich ist die Forderungsausfallversicherung **für viele mittelständische Betriebe ein wichtiger Baustein**, um den Cashflow abzusichern. Zwar ersetzt sie kein umsichtiges Forderungsmanagement, aber sie deckt die existenzbedrohenden Fälle ab und schafft Sicherheit im Hintergrund. Gerade in Zeiten mit steigenden Insolvenzen kann dieser Schutz Gold wert sein.

Wie du finanzielle Risiken minimierst und deinen Cashflow stabil hälts

Versicherungen allein reichen nicht aus, um stets liquide zu bleiben. Genauso wichtig sind **präventive Maßnahmen und ein kluges Finanzmanagement**, um das Risiko von Engpässen zu reduzieren.

- **Effektives Forderungsmanagement und frühes Mahnwesen:** Stelle sicher, dass **Rechnungen pünktlich gestellt** werden und du offene Posten konsequent verfolgst. Warte nicht ewig, bis du eine Mahnung rausgibst – je zeitnäher die Erinnerung kommt, desto ernster nimmt der Kunde die Frist. Digitale Lösungen können dir helfen, den Überblick zu behalten und automatisierte Mahnprozesse auszulösen. So steigerst du die Wahrscheinlichkeit, dass Geld rechtzeitig eingeht.

- **Bonitätsprüfung und Auswahl der Kunden:** Prüfe besonders bei größeren Deals die Bonität der neuen Abnehmer (Wirtschaftsauskunfteien oder Kreditversicherer bieten hier Daten). Manchmal ist ein vermeintlich lukrativer Auftrag so riskant, dass du besser Vorsicht walten lässt – etwa indem du Vorkasse oder Teilzahlungen verlangst. Achte auch auf klare und kurze Zahlungsziele in deinen Verträgen.

- **Diversifikation der Einnahmequellen:** Setze nicht alles auf eine Karte. Verteile dein Umsatzrisiko auf mehrere Kunden, Märkte oder Produkte. Wenn ein Großkunde beispielsweise 50 % deines Umsatzes ausmacht, kann dessen Insolvenz dich massiv gefährden. Suche daher neue Abnehmer, weitere Geschäftsfelder oder saisonal ausgleichende Produktsortimente, um Schwankungen besser abzufedern.

- **Liquiditätsreserven und finanzielle Notfallpläne:** Baue in guten Zeiten Reserven auf, um in Krisen zahlungsfähig zu bleiben. Oft empfiehlt es sich, mindestens die Fixkosten für 2–3 Monate als Puffer zu haben. Überlege, was zu tun ist, wenn morgen der größte Kunde ausfällt. Welche Kosten kannst du spontan reduzieren? Wo kannst du schnell frisches Geld organisieren (Kreditlinie, Beteiligung)? Ein schriftlicher Notfallplan verhindert kopfloses Reagieren im Krisenfall.

- **Digitale Tools für Liquiditätsmanagement:** Nutze moderne Software, um deinen Cashflow im Blick zu behalten. Solche Tools verbinden sich mit deinen Bankkonten, erstellen Forecasts und warnen bei drohenden Lücken. So steuerst du die Liquidität aktiv, statt nur nachzubuchen.

- **Kombination von Versicherungen und Maßnahmen:** Die beste Absicherung entsteht durch ein **Zusammenspiel** von Risikominimierung und Versicherungsschutz. Ein gutes Mahnwesen plus eine Forderungsausfallversicherung sorgt für doppelte Sicherheit. Brandschutz und Cyber-Sicherheit plus eine Betriebsausfallversicherung machen dein Unternehmen stabil gegen unvorhergesehene Katastrophen. Versicherungen ersetzen kein professionelles Management, aber sie ergänzen es. So entsteht ein **umfassendes Finanzfundament**: Dein Unternehmen bleibt selbst bei Schocks zahlungsfähig und kann weiteragieren.

Eine ganzheitliche Finanzstrategie ist der beste Schutz gegen Risiken

Finanzielle Absicherung in Unternehmen funktioniert am besten **ganzheitlich**. Weder ausschließlich Versicherungen abzuschließen, noch allein auf ein gutes Mahnwesen zu vertrauen, genügt. Entscheidend ist die Kombination. Eine **Betriebsausfallversicherung** deckt den Ernstfall bei äußeren Schocks, während du mit einer **Forderungsausfallversicherung** unbezahlte Rechnungen absicherst. Ergänzt wird das durch betriebswirtschaftliche Maßnahmen wie ein rigoroses Forderungsmanagement, Bonitätsprüfungen, Diversifikation und Notfallpläne.

So machst du Risiken kalkulierbar und tragbar. Versicherungen übernehmen den Schaden, den du selbst nicht stemmen könntest. Deine täglichen Managementmaßnahmen senken die Eintrittswahrscheinlichkeit von Schäden und halten Schadenshöhen klein. So bleibst du resilient und kannst auch in Krisenzeiten finanziell handlungsfähig bleiben. Mit einer solchen **ganzheitlichen Finanzstrategie** sorgst du dafür, dass dein Cashflow intakt bleibt, selbst wenn unvorhergesehene Ereignisse eintreten. Du gewinnst Freiräume, um auf Chancen zu reagieren, statt in Notlagen zu geraten. Und genau das ist der Kern von unternehmerischem Erfolg: eine robuste Basis, auf der du dein Geschäft sicher und nachhaltig entwickeln kannst.

Vielen Dank, dass du unser Buch gelesen hast!

Wir hoffen, dass wir dir die Welt des E-Commerce und den dazu passenden Versicherungen ohne komplizierte Formulierungen mit einfachen Worten und Erklärungen näherbringen konnten. Es war unser gemeinsames Ziel, dir damit einen ehrlichen und einfachen Blick auf die im Buch behandelten Themen zu geben, so dass sie auch für einen Einsteiger gut verständlich sind.

Doch wir haben auch von Anfang an das Ziel gehabt, dass du als Newcomer jetzt schon die richtigen Weichen für deinen Zukunftsplan stellen kannst oder dein bereits bestehendes Business damit auf Schwachstellen überprüfen kannst. Dafür haben wir unser ganzes Wissen in das Buch gepackt, ohne dabei zu übertreiben. Denn alle Fehler, die wir selbst im Laufe unserer Karriere gemacht haben, sollen dir dabei helfen, es besser zu machen und dabei von Anfang an auf die kleinen Details zu achten, die später entscheidend sein können.

Alle Kapitel in diesem Buch haben eines gemeinsam: Wer das richtige Fundament von Anfang an berücksichtigt und sich auch von Anfang an umfassend absichert, kann im E-Commerce deutlich sicherer und auch mutiger agieren, dadurch langfristig mehr Erfolg aufbauen und auch in Krisensituationen deutlich handlungsfähiger bleiben. Ob veränderte Personal- oder Marktlage, Cyberattacken oder ein Rechtsstreit - Wenn du deine Hausaufgaben in allen Bereichen von Anfang an gemacht hast, bist du mit den richtigen Strategien und den passenden Versicherungen gut gerüstet, für alles was noch kommen mag.

Wenn du den passenden Beratungspartner bisher noch nicht gefunden hast, dann nimm noch heute Kontakt mit uns auf und sichere dir deinen entscheidenden Vorsprung auf dem Markt: Gemeinsam entwickeln wir maßgeschneiderte Lösungen mit dir, damit du dich ganz auf dein Kerngeschäft konzentrieren kannst - mit dem guten Gefühl, dass dein Cashflow stabil bleibt und du deine Risiken besser im Griff hast.

Liebe Grüße
Mike & Robin von **InsureUp**

QUELLENVERZEICHNIS

- **Produkthaftpflicht für Onlinehändler:** Erläutert, wer laut Produkthaftungsgesetz als Hersteller gilt und welche Schäden die Betriebs- und Produkthaftpflichtversicherung abdeckt – wichtig für alle Onlinehändler, um sich vor Haftungsrisiken zu schützen.

  URL: https: //www.fuer-gruender.de/wissen/unternehmen-gruenden/versicherung/gewerbliche-haftpflichtversicherung/produkthaftpflichtversicherung/

  Herausgeber: Für-Gründer.de

- **Cyber-Versicherung für Unternehmen:** Übersicht zur Cyber-Versicherung – erklärt, welche eigenen und fremden Schäden eine Cyber-Police bei Hackerangriffen und Datenpannen abdeckt und warum sie eine sinnvolle Ergänzung zur Betriebsunterbrechungs- und Haftpflichtversicherung ist.

  URL: https: //www.fuer-gruender.de/wissen/unternehmen-gruenden/versicherung/cyber-versicherung/

  Autor: René Klein (Für-Gründer.de)

- **Transport- und Warenversicherung im E-Commerce:** Leitfaden zur Versand- und Transportversicherung im Onlinehandel – beschreibt die Haftungsgrenzen der Paketdienste und ab welchem

Warenwert oder Risiko sich eine zusätzliche Transportversicherung für Online-Händler lohnt.

URL: https: //www.onlinehaendler-news.de/logistik/transport-retouren/139756-paket-verschwunden-beschaedigt-lohnt-versandversicherung-online-shops

Autor: Hanna Behn (Onlinehändler News)

- **Gewerberechtsschutz für Unternehmen:** Ratgeber zu Firmen-Rechtsschutz – zeigt typische Rechtsrisiken für Unternehmen (von Vertragsstreitigkeiten bis Behördenkonflikten) und erläutert, wie eine Rechtsschutzversicherung die Kosten von Anwälten und Gerichtsverfahren übernimmt und damit das finanzielle Risiko von Rechtsstreitigkeiten minimiert.

  URL: https: //www.berliner-sparkasse.de/fi/home/ratgeber/ratgeber-versicherungen/Firmenrechtsschutz.html

  Herausgeber: Berliner Sparkasse (Firmenkunden-Ratgeber)

- **Betriebliche Krankenversicherung als Benefit:** Fachartikel über die betriebliche Krankenversicherung (bKV) als moderner Mitarbeiter-Benefit – erklärt das Konzept der vom Arbeitgeber finanzierten Krankenzusatzversicherung (Gruppenvertrag) und wie eine bKV sowohl die Gesundheit der Belegschaft fördert als auch die Attraktivität des Arbeitgebers für Fachkräfte erhöht.

  URL: https: //www.personalwirtschaft.de/news/verguetung/betriebliche-krankenversicherung-als-benefit-149719/

  Autor: Betül Kanik-Pinarci (ALH-Gruppe), veröffentlicht auf Personalwirtschaft.de

- **Betriebsunterbrechungsversicherung (Betriebsausfall):** Erläutert die Funktionsweise der Betriebsunterbrechungsversicherung als Absicherung bei ungeplanten Betriebsstopps – diese deckt bei einem Produktions- oder Geschäftsunterbruch (etwa durch Feuer, Sturm oder Maschinenausfall) die weiterlaufenden Fixkosten und ersetzt den entgangenen Gewinn, um die Existenz des Unternehmens während der Ausfallzeit zu sichern.

  URL: https: //www.fuer-gruender.de/wissen/unternehmen-gruenden/versicherung/betriebsunterbrechungsversicherung/

  Herausgeber: Für-Gründer.de

- **Forderungsausfallversicherung und Liquidität:** Beleuchtet, wie Unternehmen sich mit einer Warenkreditversicherung (Forderungsausfallversicherung) gegen Zahlungsausfälle absichern können. Erklärt anhand von Praxisbeispielen die Wirkungsweise dieser Versicherung – sie springt bei Zahlungsunfähigkeit von Kunden ein und erhält so die Liquidität des Betriebs – und vergleicht Warenkreditversicherung mit Factoring als Instrumente im Forderungsmanagement.

  URL: https: //www.ruv.de/ratgeber/unternehmen/ unternehmerrisiko-forderungsausfall

  Herausgeber: R+V Versicherung